KB198033

보통 선생님, 바람

황지현 지음

일러두기

본문에 언급한 일화는 모두 저자의 실제 경험을 바탕으로 하고 있으나
개인정보를 위해 가명을 사용하였습니다.

2

봄바람 가을바람,
선생님도 매일 처음인
새날을 시작합니다

3

그물에 걸리지 않는 바람처럼,
아침이면 나의 성벽 밖으로
여행을 떠납니다

부록

선생님의 보통 일상,
바람 불어도 좋은 날입니다

바람이 분다

2023년 서이초 사건 이후, 전국의 교사가 들끓었다. 교직에 대한 사회적 기대, 늘 모범이 되어야 한다는 압박, 교사를 신뢰하지 않는 아이와 학부모로 인해 선생님은 몸과 마음이 힘들다. 교직 생활 34년, 쉬웠던 날은 없었다. 남보다 뛰어난 선생님, 존경받는 교사가 되고 싶으면서도 또 어떤 날은 그냥 아무도 기억하지 못하는 평범한 선생님이 되고 싶기도 했다. 『보통 선생님, 바람』은 초등 보통교육이라는 틀과 규범, 교육에 대한 일반적인 통념으로 학교를 바라보지만 보통 아이도, 보통 선생님도, 보통 학교도 없으며 모두가 특별하다는 마음을 담아 엮은 책이다. 그렇게 만나게 된 나의 이야기, 우리의 이야기다.

1부 「간절한 바람, 오늘도 '무사한 교실'을 바라는 34년 차 교사입니다」는 수업과 학교 문화에 대한 고민, 교직을 통해 얻은 경험, 선생님의 일상을 기록했다. 2부 「봄바람 가을바람, 선생님도 매일 처음인 새날을 시작합니다」는 인생에 처음이었던 순간, 봄바람처럼 따뜻하고 싱그러웠던 시간, 가을바람처럼 시리고 아팠던 추억을 떠올리며 썼다. **3부「그물에 걸리지 않는 바람처럼, 아침이면 나의 성벽 밖으로 여행을 떠납니다」**는 교사로 일하며 때때로 느꼈던 상처와 아픔을 돌아보며 한 인간으로 서고자 하는 이야기를 담았다.

『눈물꽃 소년』에는 박노해 시인이 꿈을 찾던 어린 시절 이야기가 있다. 어떤 사람이 되어야 하는지, 무슨 꿈을 세울지 심각하게 고민하던 어린 시인은 서당을 찾아가 이렇게 말한다.

"훈장님, 나가 시방 꿈을 찾고 있는디요, 유명한 사람이 돼서 희망을 주는 사람이 되었으면 하는디요. 어쩌까요?"

잠시 어린 소년을 응시하던 훈장님은 "네 이름이 무엇이냐?"라고 묻는다. 이어서 세상에 이름 없는 사람이 없는 것처럼, 유명(有名)하지 않은 사람은 없으며 자신의 이름을 더럽히지 않고 자기 이름으로 사는 게 유명(有名)한 사람이라고 이야기한다.

내 이름을 생각해 본다. '천지현황(天地玄黃)' 천자문의 첫 네 글자에 내 이름이 있다. 지현, 황. 물론 한자는 다르지만, 하늘과 땅의 조화와 균형 속에서 지혜롭게, 어질게(智賢) 살라는 부모님의 마음이 담겨있다. 경쟁하고 질투하며 되고 싶었던 유명한 사람은 그저 내 이름으로 충분한 것이었다. 우리는 이미 존재 자체로 빛나는 '유명(有名)한 사람'이다.

소금 친 생선처럼 파닥거리며 정신없이 살았던 젊은 날을 보내고 나의 가을을 살고 겨울을 맞기 위해 글을 썼다. 첫 독자이자 글쓰기 친구 박은희 선생님, 좀 더 다르게 깊게 보고 쓸 수 있게 늘 조언해 주신 안상헌 선생님, 글쓰기를 시작할 수 있게 용기를 준 양경윤 수석 선생님, 10년간 함께 책을 읽으며 다르게 보고 넓게 생각할 수 있게 해준 교학상장 수석교사 독서 모임, 부족한 글의 생각을 다듬어 출간할 수 있게 격려하고 지원해 주신 '꿈공장플러스 출판사' 이장우 대표님과 송세아 편집장님께 감사드린다.

1부

간절한 바람,

오늘도 '무사한 교실'을 바라는

34년 차 교사입니다

|||||||||||||||||||||||||||||||||||||||||||||||

선생님의 기도

||||||||||||||||||||||

기도, 이 아이를 미워하지 않게 해주세요

매일 기도 한다.

'이 아이를 미워하지 않게 해주세요.'

　수업 방해하기

　교사 조롱하기

　친구 괴롭히기

　견디기 힘든 욕설…

　이런 순간을 만나면 속이 부글부글 끓고 화가 치민다. 일단
길게 호흡한다. 선생님이 화를 내면 수업은 더 엉망이 된다.
기다렸다는 듯이, 그 상황을 만든 아이는 선을 넘고 들어온다.

　"씨팔, 선생님 저 때릴 수 있어요?"

　"…"

"와, 선생님 내 말 개무시하네?"

차분하게 상대하기까지 오랜 세월이 걸렸다. 그러나 마음속까지 평온한 것은 아니다.

한 아이 1. 민아, 선생님은 널 좋아해

영어 수업 시간마다, 악을 쓰며 고래고래 소리 지르는 민이.

"선생님 따라 말해 봅시다. What does he look like?"

"왓트으, 다즈으, 히이~~~, 룩크으~, 라이크으으으."

민이가 이상한 코믹 발음으로 소리 지르면, 여기저기서 흉내 내며 킥킥거린다.

"민아, 소리 좀 줄여 줄래? 선생님은 다른 친구들 목소리도 듣고 싶어."

"네~엡!!!" 장난스레 대답한다.

돌아서자마자, 언제 그런 일이나 있었냐는 듯이 소리친다.

"왓트, 다즈으, 히이~~~, 룩크~, 라이크으으으, 킥킥 킥킥."

개인적으로 남겨서 이야기도 하고, 수업을 잠시 멈추고 정중하게 요청하기도 한다. 일 년을 이렇게 반복하고 있다.

민이는 반에서 영어를 제일 잘한다.

"선생님, 영어 수업이 내 실력에 별 도움이 되는 것 같지 않아요."

자기는 다 아는 표현이니 공부할 게 없다며, 특이한 행동과 이상한 소리를 계속 낸다. 친구들의 눈과 귀를 자신에게 쏠리게 한다.

며칠 뒤, 수업을 마치고 정리하는데 민이가 뛰다가 넘어졌다.
"안 다쳤니? 괜찮아?"
"뭐, 선생님이 내 걱정 진심으로 하기는 해요?"
빈정대는 말투가 입에 붙은 민이. 선생님에게 함부로 말하는 게 멋지다고 생각하는 걸까?

오늘도 속으로 기도한다.
'저 말투를 가르쳐 준 어른들의 잘못입니다. 이 아이를 미워하지 않게 해주세요.'

한 아이 2. 용아, 그래도 함께해줘서 고마워

영어 학습지를 내어주고 활동을 시작하는데, 용이는 학습지가 없다.
"용아, 학습지 안 받았니?"

묵묵부답이다.

"없으면, 없다고 말해야지. 새로 줄게."

용이가 꽉 쥐고 있던 손을 보여준다. 그 안에 학습지가 꼬깃 꼬깃 구겨져 있다.

"왜 그렇게 했어?"

"짜증이 나서요."

"선생님이 용이 화나게 했어?"

"그건 아닌데, 그냥 짜증이 났어요."

"그래? 화날 수 있지. 학습지는 얼마든지 다시 줄 수 있어요." 새로 학습지를 준다. 용이는 내가 보는 앞에서 학습지를 쫙, 쫙 잘게 찢는다.

"용아, 왜 그래?"

"저 영어 공부하기 싫은데요? 그냥 내버려 두시면 안 돼요?"

"이거 수행평가라서 해야 하는데?"

"그냥 0점 주세요. 전 아무 상관 없어요!"

"그래? 그럼, 선생님과 일대일로 평가해야겠다." 차분하게 말했다.

"싫단 말이에요."

용이는 모든 게 귀찮다는 듯이 엎드렸다.

다른 아이들에게 학습지 활동을 안내하고 다시 용이에게 갔
다.

"이 교실에 있는 이상, 선생님하고 기본영어 공부는 해야 해
요."

아이들 모두가 우리 둘에게 신경을 집중하고 있는 것 같다.
욱하는 성질과 상스러운 욕도 달고 다니는 용이를 아이들은
무서워한다. 최대한 부드럽게 말한다.

"선생님 따라 읽어보자. museum, park…"

영어 교과서를 펼치고, 기본 단어와 표현을 따라 읽게 한다.

"저 이거 읽을 줄 아는데요?" 퉁명스럽게 말한다.

"그래? 한번 읽어봐."

"museum, park, bank, bus… How can I get to the book-
store?"

"야, 이거면 됐다. 용이는 오늘 이걸로 평가 대신해도 되겠
다."

서당 개 3년에 풍월을 읊는다더니…. 수업 참여를 거의 안 하
고 앉아만 있었어도 기본 표현과 단어 6개는 알고 있다.

용이와 이 기 싸움을 일 년 내내 하고 있다. 수업 시작과 동
시에 아프다며 보건실로 가서 돌아오지 않기도 한다. 보건실

에 연락해 보면 오지 않았다고 한다. 어디에 있었던 걸까? 수업에 도통 관심이 없는 이 아이를 어떻게 해야 하나.

숨을 들이마시고 내쉬며 천천히 기도한다.
'영어 교실에 책 가지고 와서 앉아있는 것만으로도, 소리 지르지 않고 난리 치지 않는 것만으로도… 다행이라고 생각하자. 이 아이를 미워하지 않게 해주세요.'

한 아이 1+1. 아이들을 이렇게 만든 것은 사회, 부모, 교사입니다
위 두 이야기는 최근 일주일 사이에 일어난 작은 에피소드다. 이뿐일까? 더하기도, 덜하기도 하며 일 년을 보낸다. 그래서 매년 12월이 되면 지친다. 교육 경력이 오래되면 수업과 교육활동이 더 쉽고 편안해질 것 같은데, 쉬웠던 해는 없었다. 갈수록 더 힘들어지는 것 같다.

영어 시간마다 수업을 방해하고 교사를 힘들게 만들었던 민이와 용이. 이들이 뭉치면 one+one으로 끝나지 않는다. 학교폭력으로 이어지기도 한다. 한 무리 학생들이 복도에서 야단법석을 피우며 놀다가 지나가는 특수반(장애)아동이 걸리적거린다며 놀렸다. 교실에 있던 선생님이 훈계했다. 웃으며 사과하는 이 둘.

"죄송해욥. 다음부턴 안 그러겠습니답!"

미안함이 전혀 느껴지지 않는다. 돌아서자마자 민이가 친구랑 주고받는 말은 기가 찬다.

"저년을 어떻게 고발하지?"

"씨팔, 재수 없게…"

"…"

아이의 거친 행동과 말투, 교사를 경멸하고 협박까지 하는 아이들. 나는 오늘도 기도한다.

'아이를 이렇게 만든 것은 사회, 부모, 교사입니다. 이 아이들을 미워하지 않게 해주세요.'

오늘도 무사히, 그럼에도 아이들을 이해해 보려 합니다

"선생님!!! 선생님!!!"

퇴근길에 한 무리 아이들이 애타게 부르는 소리가 들린다. 일 년 내내 애먹이고 힘들게 하던 아이들, 중학생이 되고 고등학생이 되어 우연히 길거리에서 만나기도 한다.

"와~~ 영어 선생님이다!!! 안녕하세요!!!"

큰 소리로 부르며 멀리서부터 뛰어오며 반갑게 인사한다. 그 시절 배웠던 팝송을 아직 외우고 있다면서 불러주기도 하고, 내가 기억도 못 하는 이야기를 한다. 영어에 관한 것이 아니라, 주로 일상 이야기를 기억한다.

"선생님 수업 재미있었어요."

몸도 마음도 자란 아이들을 만나면, 그들이 성장하고 있다고 느낀다. 초등학생 때의 모습은 그들 인생의 한 컷이다. 그 속에 그들을 조금이라도 이해하려 노력하고 도와주려 했던 교사로 남아있길 바라는 내 마음이 보인다.

잠들기 전 선생님의 기도를 한다.

'내가 가르치는 아이를 미워하지 않게 해주세요.'

'오늘도 무사히, 평범한 하루에 감사합니다.'

'단순하게 단단하게 단아하게'
||||||||||||||||||||||||||||||||||||||||||||||

열심히 할수록, 왜 더 힘들까

 잘 가르치고 싶었다. 내가 가르치던 아이들은 그날 배운 영어 기본 표현을 수업 마칠 때까지 말하거나, 읽거나, 쓸 수 있어야 했다. 모든 어린이가 단위 시간의 수업 목표를 달성해야 한다고 믿었다. 부진 학생은 아침 시간이나 방과 후에 남겨서 끝까지 지도했다.

 온 열정을 쏟아붓는데, 수업은 더 어려워지고 아이들과의 관계가 힘들어지는 순간이 왔다. 영어에 거부반응을 보이며 포기하는 아이는 늘 있었다. 교사의 노력과 준비에 따라와 주지 않고 수업을 장난으로 만들어버리는 아이들로 상처받으며 서운함이 쌓였다. 마주하기 힘든 아이가 생기기도 했다.

 '열심히 할수록 왜 더 힘들까?'

무너진 순간, 몸도 마음도 아팠던 날을 기억합니다

아픈 몸으로 공개 수업을 준비하던 날. 머리가 깨질 것 같아 타이레놀을 두 알 먹었지만, 두통은 사라지지 않았다. 다행히 아이들이 적극적으로 참여해서 수업은 잘 진행되었다. 참관 온 교사들도 칭찬과 격려를 보내주었다. 수석교사가 된 이후 일 년에 여러 차례 수업을 공개하고, 참관인이 많을 때는 체육관에서 공개 수업을 하기도 했다. 그 아픈 몸으로 공개 수업을 마친 날은 더 뿌듯했다.

다음날 공개 수업에 참여해 준 아이들에게 사탕을 한 개씩 나누어 주었다.

그런데…. 사달이 났다.

"에이, 씨팔. 우리가 이깟 사탕 한 개 받으려고 어제 그 개고생을 했단 말이가?"

"맞다. 맞다!"

여기저기서 동조하며 야유를 보냈다.

"나는 영어 시간이 제일 싫다."

"나도! 나도!"

"영어 선생님은 더 싫다. 개짜증 난다."

"크크크, 하하하, 호호호!!!"

머리에 망치를 맞은 것 같았다.

'이게 뭐지?'

그날 이후 그 반 아이들과는 수업이 제대로 되지 않았다. 책상을 뒤로 돌려서 수업하는 아이가 있는가 하면, 화장실 간다고 우르르 나가서 교실로 돌아오지 않기도 했다. 내가 칠판 쪽으로 등을 돌리면 자리를 이동하기도 하고, 킥킥거리며 욕설 종이를 뭉쳐서 날렸다. 수업 후 아이들의 책상에는 낙서와 '영어 년' 관련 비속어가 남아있었다. 언제까지 화 안 내고 친절한 척할 수 있는지 한계를 테스트하는 것 같았다. 교사 생활 최대의 고비이자 최악의 경험이었다.

덜어내기, 내게 가장 필요한 마음가짐이었음을

'내 몸은 왜 이리 아픈가? 수업은 왜 이렇게 힘들지?'

불면증까지 겹쳐 잠들지 못하고 끙끙 앓았던 기나긴 밤, 책장 속 낡은 시집이 내 눈을 사로잡았다.

동지의 이름을 부를 것 같은 모진 고문에 자결을 결심하고 눌러쓴 박노해의 『참된 시작』이라는 시집이었다. '나의 패배는 참된 시작이었다'[1]라는 구절이 나를 때렸다. '시퍼런 슬픔의 심연 끝바닥에 다다르면'[2], '내 속 어딘가에 숨어 있던 씨

앗 하나'[3], '푸르게 내가 살아 있다는 것이다'[4]. 그의 시를 밤마다 소리내어 낭송하며 울었다. 그의 고통에 비하면 나의 아픔은 초라해 보였다. 그의 시를 통해 살아갈 힘을 얻고 위로받았다. 박노해의 다른 시집들도 찾아서 읽다가 「단순하게 단단하게 단아하게」를 만났다.

단순한 살림으로 삶은 풍요롭고
단단한 내면으로 앞은 희망차고
단아한 기품으로 주위가 다 눈이 부신
…
일도 물건도 삶도 사람도
단순하게 단단하게 단아하게

박노해, 『단순하게 단단하게 단아하게』, 표지 글 중에서

---

1) 박노해, 『참된 시작』, 「그해 겨울나무」 중에서
2) 같은 책, 「그리운 사람」 중에서
3) 같은 책, 「경주 남산 자락에 나를 묻은 건」 중에서
4) 같은 책, 「바람 잘 날 없어라」 중에서

그의 시처럼 살고 싶었다. 제일 먼저 한 일은 '덜어내기'였다. 옷장 한 개, 책장 네 개, 서랍장 두 개를 처분하였다. 옷, 가방, 덮지도 않는 이불, 먼지 쌓인 책, 사용하지 않는 그릇 등 쌓아 둔 물건들을 기부하고 재활용으로 내놓았다. 집 안 구석구석을 다 정리하는 데 일 년 이상 걸렸다. 늘 큰 평수로 가고 싶었는데, 집이 좁았던 것이 아니었다. 살림을 확 줄이고 나니 이사 갈 필요가 없어졌다.

수업도 보여주기 위한 촘촘한 수업이 아니라, 하나의 주제에 집중하는 단순한 수업으로 바꾸었다. 일 년 수업의 큰 줄기를 잡으면 단원의 핵심 표현에 집중해서 교사의 말은 줄이고, 아이들이 활동할 수 있는 시간을 제공하였다. 수업을 바꾸니 여유가 생기고 아이들을 재촉하지 않아도 되었다.

먼 길, 마음을 먼저 돌아보고 살아보려 합니다

볕 따뜻한 가을 오전 수업 시간. 창가에 앉아 책과 공책도 펼치지 않은 채 하염없이 운동장만 바라보는 아이가 있다. 모두가 쓰기 활동을 시작하는데도 그 아인 여전히 창밖만 본다. 수업할 마음이 아예 없어 보인다.

"구야, 영어 표현 같이 쓸까?"

"지금 쓰고 있는데요?"

연필도 쥐지 않은 채 장난 섞인 목소리로 대답한다.

예전 같았으면 '요 녀석, 감히 선생님에게 거짓말을?'이라 생각하며 즉시 옆으로 가서 지적하고 친구들 앞에서 핀잔을 주었을 것이다. 하지만 이번엔 달랐다.

"그래? 선생님이 오해했나 보네. 미안~. 선생님이 오해하지 않게 바르게 앉아서 쓸까?"

"네."

아이는 바로 쓰기 시작했고 나머지 수업은 잘 참여했다. 수업 목적이 아이를 수업에 참여하게 하는 것이지, 공부만 잘하게 만드는 것은 아니다. 물론, 수업할 기분이 들지 않게 만드는 것도 당연히 아니다. 수업의 본질에 집중하면 교사를 불편하게 하는 아이들의 행동을 너그럽게 바라보게 되기도 한다.

당신의 삶과 수업이 이제 '단순하고 단단하며 단아하게' 되었느냐고 누군가 묻는다면, 아직 갈 길이 멀다고 대답할 것이다. 인정 욕구와 과시욕은 조금만 몸이 좋아지면 올라오고 그러면 다시 아픈 몸으로 되풀이된다. 하지만 치열한 경쟁으로 내몰던 젊은 날의 악바리 시절로 되돌아가고 싶지 않다. 몸은 아파도, 조금은 여유가 생긴 지금이 더 살만하다.

소풍 같은 학교

||||||||||||||||||||

교도소와 학교, 참 닮았습니다

교도소는 사회와 격리된 곳으로 누구에게나 두렵고 무서운 공간이다. 수감 된 사람들은 개인이 아니라 집단으로 존재한다. 이 교도소와 닮은 곳이 있다. 바로, 군대와 학교다. 유현준 교수는 「세바시」 강연에서 교도소와 학교의 공통점을 이렇게 이야기한다.

'교도소와 학교는 담장으로 둘러싸여 주위가 차단되어
있다. 긴 복도와 사각형의 방은 교도소와 구조가 같다.
이 공간에서 초등학생 6시간, 중학생 8시간, 고등학생은
12시간 이상 갇혀 있다. 인간의 존엄성과 존재의 소중함
을 배우는 대신 끊임없이 경쟁하고 비교하고 비교당하

면서 지낸다.'

그의 말처럼 학교와 교도소, 공통점이 많다.

기억 속 학교, 40여 년 전 학교 이야기를 잠시 들려드릴게요

1979년 10월 26일. 초등학교 5학년이던 나는 여느 때처럼 반 친구들과 장난을 치며 아침 활동을 하고 있었다. 그때 담임이 문을 벌컥 열고 들어오며 소리쳤다.

"이 정신머리 없는 것들이… 오늘이 무슨 날인데!!!"

박정희 대통령이 서거한 날 아침부터 떠들었다고 날벼락을 맞았다.

"모두 책상 위로 올라가서 무릎 꿇고 의자 들어!" 담임은 분노의 고함을 질렀다.

팔이 덜덜 떨려 의자를 내리면 앞으로 나가서 엉덩이에 매질을 당했다. 그래도 분이 안 풀리는지 구식 화장실 소변기에 머리를 박으라고 소리쳤다. 오전 내내 교실은 눈물바다였다. 대통령의 죽음이 슬퍼서 우는 것이 아니라 팔다리가 아리는 고통으로 모두 울었다. 그날의 끔찍했던 단체 벌과 폭력을 잊을 수 없다.

그 당시 5학년 선생님은 모두 남자였는데, 시험 성적이 안 좋으면 옷을 벗겨 친구들 보는 앞에서 팬티만 입혀 놓기도 했다. 신체검사 날은 여학생들만 옥상으로 데리고 올라갔다. 모두 팬티만 입혀 놓고, 키와 가슴둘레를 쟀다. 남선생님들은 킥킥거리며 손가락으로 여학생들의 가슴에 키와 가슴둘레를 기록했다. 당시 우리는 간지럽다고 온몸을 비틀었지만, 돌아보면 지독한 성추행이었다.

중학교, 고등학교 때도 단체 기합이나 매질은 있었다. 내게 학교는 교도소처럼 갇혀서 지내야 하는 곳이었고, 선생님들은 무섭고 폭력적이었다. 나는 말과 행동이 다른 선생님을 존경하지도, 좋아하지 않았다. 그런데, 교사가 되었다.

첫 발령 학교, 교사가 되어 마주한 학교의 모습도 여전했습니다

참교육을 외치던 전교조 교사들이 전국적으로 해직되던 1991년 첫 발령을 받았다. 그곳에서 초등학교 5학년 때 선생님을 만났다. 그분은 악명높은 교장으로 근무하고 있었다. 저런 인간이 교장이라는 현실이 충격이었다. 학교는 정말 '고인 물 썩은 물' 같았다.

피 끓던 젊은 시기 교직원 회의에서 벌떡 일어나 교장의 선택에 반대하고 교육적이라고 생각하는 의견을 건의했다. 그때의 싸늘했던 교무실 분위기. 회의 전에 반대의견을 가진 선생님들이 많았는데, 누구도 나의 의견을 뒷받침하거나 도와주지 않았다. 그 후 일 년 내내 교장이 나를 괴롭혔다. 복도에서 얼굴만 마주쳐도 혀를 끌끌 차면서 아래위로 훑어보며 마치 이렇게 말하는 표정을 지었다.

'니 같은 게 선생이냐?'

타인과 함께 있을 때면 인격적으로 대하는 척하고, 둘만 있을 때는 투명 인간처럼 나의 존재를 무시했다. 수업 시간, 기분이 싸해서 복도 창을 보면 교장이 내 교실을 지켜보고 있었다. 시선이 부딪치면 무례하고 사람을 무시하는 표정을 지었다. 나중에는 악몽까지 꾸었다.

성인이 되어 선생님으로 경험한 학교도 별로 안녕하지 못했다. '다시는 나서지 말자. 결혼도 했고, 아이 둘도 키워야 하니…' 적당히 타협하고 몸이 편한 쪽을 선택했다. 영어 공부 열심히 하고 교실 수업만 잘하면 된다고 합리화했다.

느린 학교, 학교는 더 많이 변해야 한다고 생각합니다

8살 딸이 첫 소풍을 다녀와서 너무 재미있었다고 했다. 학교 선생님이 얼마나 즐겁게 놀아주었는지 궁금했다. 딸은 흥분한 얼굴로 말했다.

"엄마! 오늘은 하루 종일 쉬는 시간이던데요?"

학교생활이 맨날 소풍 같으면 좋겠다고 말했다. 아들은 학교 다녀오면 급식메뉴만 이야기했다. 그날 기분이 메뉴에 따라서 달랐다. 쉬는 시간과 급식 때문에 우리 아이들은 학교에 다니는 것 같았다. 딸은 이제 직장인이 되었고, 아들은 군대를 다녀왔다. 내가 다녔던 학교, 아이 둘이 다니던 학교, 현재 학교 건물의 외면은 비슷하다. 물론, 내가 다녔던 학교와는 달리 지금은 학생을 때리던 '사랑의 매'는 사라졌고, 아동 인권을 중요시하는 문화가 생겼다. 그럼에도 그 긴 세월, 학교는 가장 보수적이고 변화가 느린 곳임이 분명하다.

앨빈 토플러는 '기업이 시속 100마일로 변화할 때 학교는 시속 10마일로 변하며, 독점 특혜를 누리며 보호받아 왔고, 변화에 둔감하다 못해 저항적이다.'라고 말한다.

학교는 더 많이 변해야 한다. 하지만, 학교가 기업과 비교되는 것은 반대한다. 학교는 상품을 생산하는 곳이 아니며 이윤을 내기 위해서 존재하는 곳이 아니라 인격으로 존중받아야 할 사람을 교육하는 곳이기 때문이다. 변해야 할 교육의 방향과 목적이 효율성이 되어선 안 된다. 학교는 더 많이 가지고 더 빠르게 이기기 위해 경쟁하는 현장이 아니라, 자신의 삶을 탐구하고 더불어 사는 가치를 경험하는 곳이어야 한다.

새로운 학교,

코로나 팬데믹이 바꾼 학교의 모습에 또 한 번 생각이 많아집니다

절대로 변하지 않을 것 같던 학교가 2020년 이후 코로나 팬데믹으로 그 강건한 벽이 허물어지고 있다. 여태껏 경험해 보지 못한 전혀 다른 변화의 바람이 불고 있다. 예측하지 못했던 세상에 교사들은 위기감을 느낀다. 실시간 화상수업, AI 교사, ChatGPT 등 이제 학교라는 물리적 공간이 없어도 교육이 이루어지는 사이버 세상이 열렸다. 또 다른 가상의 교도소가 만들어질까 걱정이 앞선다.

반다나 시바는 『오늘부터의 세계』에서 팬데믹 이후 비접촉 시대의 교육에 대해서 다음과 같이 경고한다.

'오늘날의 감옥은 보이지 않는 수갑을 찹니다. 쇠가 아닌 디지털 족쇄이지요. 요즘 아이들은 뛰어놀 자유를 빼앗겼어요. 학교 갈 자유를 빼앗겼어요. 두뇌를 다양하게 개발하며 자랄 자유를 빼앗겼습니다. 이제 친구를 사귈 수 없을 것입니다. 홀로 자랄 것이며 유일한 친구는 눈과 마음을 망가뜨리는 스크린이 될 것입니다.'

비대면 수업으로 새로운 학교는 열렸지만, 한편에서는 교육의 양극화 문제가 제기되었다. 부모, 교사, 지역의 손길도 닿지 않는 곳에서 더 방치되는 아이들이 있었다. 학교는 다시 문을 열었고 대면 수업으로 되돌아왔지만 언제든지 비대면 수업을 할 수 있는 시스템을 갖추었다.

코로나 팬데믹 이전에는 5~6학년쯤 되면 서로 도와가면서 배우는 것이 익숙해져서 함께하는 활동이 자연스러웠다. 하지만, 코로나 기간 내내 개별 활동과 비대면 컴퓨터로 공부한 아이들은 짝 활동이나 모둠 활동을 힘들어한다. 먼저 손 내밀고 도와주지 않고, 도와달라는 부탁도 못 한다. 그냥 혼자 하면 되는데 왜 같이 해야 하냐고 묻는다.

새로운 물결은 이미 시작되어 학교는 커다란 변화의 바람 앞에 서 있다. 무엇을 혁신하고 바꾸어야 하고, 어떤 가치는 소중하게 지켜야 할 것인가에 대한 고민을 해야 한다. 아이들이 자라서 학창 시절을 떠올렸을 때, 어둡고 힘들었던 기억이 아니라 공동체의 즐거운 추억이 많아야 하지 않을까. 나의 어린 시절 선생님은 무서웠지만, 학교는 즐거운 곳이기도 했다. 동네에서 산과 들에서 뛰어놀던 친구와 함께 새로운 것을 배우고 노는 것이 재미있었다. 혼자가 아니라 함께라서 좋은 곳이 학교다. 학교 가는 길이 소풍 가는 길처럼 설레면 좋겠다.

서로의 풍경

||||||||||||||||

선, 선을 넘다

어린 시절 동네에 다리가 불편한 오빠가 있었다.

"밀면 안 돼!" 어른들은 당부하듯이 말했다.

"왜? 안 되지?… 밀어볼까?" 친구들 앞에서 슬쩍 밀었다.

와당탕. 털썩.

밀자마자 바로 넘어졌다. 당황했다.

'어떡하지?'

용기가 없어 사과하지 못했다. 아무 일도 아닌 척했다. 그 뒤로 복수를 길게 당했다. 넘어서는 안 되는 선을 밟고 소아마비 장애로 절뚝이던 오빠를 웃음거리로 만들었던 기억. 장애인 감수성이 없던 어린 시절의 치기였다.

벽, 벽 주변에서 서성이다

교사 초년생 시절 만났던 별이. 첫날, 자신을 소개하는 간단한 그림과 글을 써서 교실 벽면에 붙이는 활동을 했다. 도화지를 내어주고 아이들 활동을 살피는데, 별이가 다가왔다.

"선생님, 저 도화지 바꿔주세요."

도화지 구석에 작은 동그라미 하나 그려져 있었다. 별이는 그 동그라미를 새로 그리고 싶어 했다. 새 도화지로 바꿔주었지만, 잠시 뒤 다시 나왔다. 별이가 계속 도화지를 바꾸는 사이, 다른 친구들의 작품은 완성되어 갔다. 갑자기 울음소리가 들렸다.

"와아아앙, 와아앙, 와아앙!!!!"

"선생님, 여기 보세요. 별이가…"

5학년 여자아이의 의자에서 물이 뚝뚝 떨어졌다. 앉은 채로 오줌을….

별이는 선 하나도 똑바로 그려지지 않거나 마음에 들지 않으면 다음 단계로 넘어가지 못했다. 그런데 완성된 결과물은 가지고 싶어 해서 늘 옆에서 도와주었다. 다른 아이들의 불평이 쏟아졌다.

"왜 별이만 특별 대우해 줘요?"

별이와 반 친구들 사이에는 보이지 않는 벽이 있었다. 아이들은 별이를 말이나 시선으로 구분했지만, 나는 눈감고 묵인했다. 일 년 내내 별이가 불편하고 힘들었다. 벽 넘어 별이를 궁금해하기보다 벽 주변에 서서 살피는 흉내만 냈다. 지금도 그 해를 생각하면 미안하다.

문, 문을 열고 첫발을 떼다

10년쯤 뒤, 번개를 만났다. 친구들 옷에 먹물을 분사해 엉망으로 만들고, 화단의 꽃은 다 꺾어버리는 번개. 타인과 시선이 마주치는 것을 싫어해서 대화할 때 흰 눈동자만 보였다.

첫날 영어 수업.

번개는 서랍장을 모두 열더니 역할극 모자를 꺼내 썼다. 모자 안에 사인펜을 잔뜩 넣고 외쳤다.

"나는 마법사다. 우하하하! 내 마법을 보아라. 하나~둘~~ 셋!!!"

모자에 들어 있던 사인펜을 하나씩 꺼내서 친구들을 향해 던졌다. 한 시간 내내 교실을 뛰어다니며 사인펜을 던졌다. 수업을 제대로 할 수 없었다.

두 번째 영어 시간.

서랍장에 있던 역할극 소품들이 보이지 않자, 번개는 소리쳤다.

"이 감옥을 탈출해야 해. 나는 탈출할 거야!!!"

뒷문을 잡고 교실 밖을 나가려 했다. 어느새 번개는 사라졌고, 남은 시간은 번개를 찾아서 학교를 헤맸다. 그 뒤로도 수업을 제대로 할 수 없었다. 조치가 필요했다. 일주일에 한 시간씩 번개랑 단둘이서 영어 수업을 하기로 학부모와 특수반, 담임 선생님이 함께 결정했다.

긴장된 첫날.

마음을 단단히 먹고 수업을 시작했다.

'얼마나 말썽을 피울까? 싫다고 도망 다니면 어떡하나?'

같이 공부한 단어 'singer, doctor, teacher'를 따라 써 보라고 했다. 번개는 씩 웃더니, 종이를 가리고 그림을 쓱쓱 그리더니 말했다.

"선생님, 찾아보세요."

'가수, 의사, 선생님'의 얼굴이나 옷에 각 단어의 알파벳을 숨겨 놓았다. 의사의 옷 주머니에 'd'가 있고, 입 모양에 'o'가 있고, 귀에 'c'가 숨겨져 있었다. 주어진 영어 단어를 그냥 따라 쓰지 않고 숨은그림찾기로 만들어 놓았다.

'오우! 천재?'

번개와의 개별 수업은 생각보다 평화로웠다. 번개와 했던 수업 활동은 모두 영어 공책에 담겼다. 그 공책이 제법 두꺼워질 무렵, 약속된 시간에 번개가 오지 않고 사라졌다. 몇 명의 선생님들이 학교를 살폈다. 동편 계단 끝에 쪼그려 앉아 있던 번개를 영어 교실로 데려오며 물었다.

"번개야. 왜 영어 교실 안 오고 그곳에 있었어?"

"영어 공책을 안 가져왔어요." 대답이 의외라서 다시 물었다.

"새 종이 줄 텐데… 왜 영어 공책 때문에 안 와?"

"영어 공책… 그거… 소중한 거잖아요." 울음 섞인 대답에 먹먹함을 느꼈다.

번개를 만나면서 보이지 않던 벽에 문을 내고 들어갔다. 조금, 아주 조금 들어갔다.

풍경, 서로의 풍경을 공유한 세상을 만나다

어린 시절 엄마를 따라 시장에 가면, 장애의 몸으로 구걸하는 사람들이 있었다. 옷은 원래 색깔이나 상태를 구분하지 못할 만큼 낡았고, 머리에는 이가 가득할 것처럼 더러웠다. 역한 냄새도 싫었다. 어른들은 병균 옮을 수 있으니 가까이 가지 말라고 했고, 열심히 공부하지 않으면 저리된다고 했다. 그들은 나와 다른 세상의 사람들인 줄 알았다.

『우리 균도』의 저자 이진섭은 과잉행동 발달 장애 1급 자폐를 지닌 균도의 아버지다. 균도는 고등학교를 졸업한 후에 갈 곳이 없었다. 과격하고 폭력적인 과잉행동으로 복지관에서도 받아주지 않았다. 아버지는 직장을 그만두고 균도를 데리고 걷기 시작했다. 3천 킬로미터 국토 대장정. 1차부터 5차에 걸친 '부자 세상 걷기' 이야기를 기록으로 남겼다.

장애인이라고 해서 사회에서 단절되고 거부된 존재로 집 안에만 갇혀 살 수 없다. 저자는 균도에게 세상의 풍경을 보여주고 싶었을 것이다. 또한 장애인 가족의 풍경도 세상에 알리고 싶지 않았을까. 서로의 풍경을 공유하는 세상을 위해 균도 부자는 걷는다.

『평균의 종말』 저자 토드 로즈는 '평균'은 허상이라고 말한다. 1940년대 말, 하루 사이에 17대의 미군 전투기가 추락했다. 오리무중이던 불상사의 원인은 남성 조종사 수백 명의 평균 신체 지수에 맞게 표준화했던 전투기 조종석이었다. 이 사건을 통해 평균적인 조종석을 설계해 봐야 누구에게도 맞지 않는다는 연구 결과를 도출했고 공군은 평균의 관행을 버리

고 개인 맞춤형의 설계라는 조종석의 비약적인 전진을 이룬
다. 이 책은 말한다.

'평균적인 사람은 아무도 없다.'

장애인과 비장애인. 정상과 비정상. 평균 이상과 평균 이하
의 사람으로 구분 짓는 것은 모두 허상이며, 인간이 만들어
낸 차별이다.

시선, 각자의 시선을 따라가 봅니다

특수반 학급의 단체 사진이 자주 보던 사진과 달라서 특수반
선생님께 물었다.

"선생님, 여기를 보세요. 하나, 둘, 셋! 치즈~ 김치~ 이런 거
안 했어요?"

"왜요?"

"아이들 시선이…"

"뭐가 이상해요?"

특수반 단체 사진에 카메라를 향해서 웃거나 손가락으로 하
트나 브이를 만드는 아이들이 아무도 없었다. 마치 사진을 찍
는 것에 무관심한 듯, 그들의 시선은 다 다른 곳을 향해 있었
다. 자신이 어떤 모습으로 카메라에 담길지 아무 관심이 없는

아이들. 순간 다른 생각이 들었다. "여기를 보세요."라고 외치며 억지로 시선을 모으는 대신, 그들의 시선을 따라가 보면 어떨까.

최규석의 웹툰 『송곳』에 이런 대사가 있다.

"서는 데가 바뀌면 풍경도 달라지는 거야."[5]

낯선 곳에 서면 불편하다. 하지만, 낯선 곳으로 가보지 않으면 우리의 시선은 바뀌지 않을 것이다. 다양한 풍경이 공존하는 세상이 되려면 선을 긋고 벽을 치기보다는 문을 열고 서로의 풍경을 내어주어야 한다. 서는 데가 바뀌어야 풍경도 달라진다.

---

5) 김지혜, 『선량한 차별주의자』에서 재인용

사과할 용기

||||||||||||||||

폭력, 사과하지 못했습니다

"와, 악!"

모둠 활동 시간, 뒤쪽에서 우당탕 난리가 났다. 급하게 돌아보니 화가 난 한 명의 아이가 쓰러져 있는 아이의 얼굴을 실내화 발로 마구 밟고 있었다. 쓰러진 아이의 얼굴에 신발 바닥 자국이 선명하게 보였다. 분을 참지 못하고 친구 얼굴을 밟고 있는 아이. 마치 영화 속의 조직 폭력배 같았다. 난 이성을 잃었다.

'이 깡패 새끼?'

씩씩대는 아이의 뒤통수를 향해 나도 모르게 손이 날아갔다.

그 순간, 모든 게 정지되었다. 아이들의 표정을 잊을 수 없다.

'영어 선생님이 어떻게 저런 행동을?'

부끄러웠다. 30대 젊은 교사는 사과하지 못했다.

분노, 복종하는 신체 깊이 상처와 분노가 쌓여 있습니다

'모든 사람의 관계는 권력관계'라고 푸코[6]는 말한다. 권력이 가장 적나라하게 행사되는 곳은 학교, 교도소, 병원, 요양원 등이다. 푸코에 따르면, 권력은 신체를 구속하고 금기 혹은 의무를 부과하기 위해 규율을 만든다. '규율의 목표는 복종하는 신체'이다.

70~80년대 나의 학창 시절, 학교는 학생을 교육한다는 명목하에 폭력이 합법적으로 용인되는 곳이었다. 초등학교 1학년 입학하자마자, 줄을 똑바로 서지 않았다고 담임 선생님이 차례대로 귀싸대기를 날렸다. 꼼짝없이 맞았다. 중 고등학교 시절, 교문이나 학급에서 불시 검문도 있었다. 머리 길이, 복장 상태, 이름표 부착, 책가방 검사 등. 걸리면 기합이나 폭력이 수반되었다. 학생을 통제하던 규율, 공포로 억누르는 교육. 복종하던 나의 신체에는 분노가 쌓였다.

---

6) 박정자(2022), 『시선은 권력이다』에서 재인용

교사로 내가 권력을 쥐었을 때 실내화로 친구의 얼굴을 밟고 있는 광경을 본 순간, 내가 끔찍하게 싫어하던 어른들의 폭력을 무의식적으로 따라 했다. 마셜B. 로젠버그는 『비폭력대화』에서 '모든 폭력은 자신의 고통이 다른 사람에게서 왔다고 착각하면서 상대가 당연히 벌을 받아야 한다고 믿을 때 오는 결과'라고 말한다. 자신의 폭력에 대한 책임을 남에게 돌리는 것이다. 부모는 자녀를 위해서, 선생님은 학생을 위해서 때렸다고 합리화한다. 나 또한 그날의 폭력은 '네 탓'이라고 변명하고 싶었다. 하지만, 아이들의 그 실망스러운 시선을 마주한 날 느낀 수치심은 지워지지 않았다.

욕구, 안전함과 따뜻함을 바랐습니다

초등학교 4학년 때쯤이었다. 엄마가 아끼던 비싼 크리스털 컵을 깼다.

"이게 얼마짜린데!!!"

화가 난 엄마는 부엌에 흩어진 유리 조각들을 나보고 치우라고 하고 방으로 쌩 들어갔다.

'내가 이 유리컵보다 못한가?'

어린 마음에 쪼그리고 앉아서 유리 조각으로 손목을 긁었다. 세게 긋지 못했다. 조금 더 힘을 줄까 망설이는데 엄마가 다시 왔다.

"너, 뭐 하고 있니?"

놀란 엄마의 목소리가 들렸다. 누가 컵 조각을 치웠는지 기억이 없다. '그때 엄마는 내 모습을 보고 미안했을까?' 그 유리잔이 뭐라고 난리 치던 엄마의 모습만 생생히 남아있다.

결혼 후 설거지하다가 유리 접시를 깼다. 유리 깨지는 날카로운 소리가 나자마자 신랑이 부리나케 왔다.

"아이고, 안 다쳤나? 저리 비키라."

빗자루로 먼저 쓸고 청소기 돌리고 걸레질까지 꼼꼼히 하고는 말했다.

"큰일 날뻔했다. 이제 됐다."

'그래, 이런 거였어.'

마셜B. 로젠버그는 같은 책에서 '모든 분노의 중심에는 충족되지 못한 욕구'가 있다고 한다. 나의 어린 시절 욕구는 안전함과 따뜻함이었다. 엄마가 유리 조각에 내가 다치지는 않았는지 걱정해 주고, 당황한 나에게 괜찮다고 다독여주는 것.

학교에서는 자잘한 사고들이 일어난다. 유리창이 깨지기도 하고, 기물이 파손되기도 한다. 그 순간 나도 신랑처럼 바로 물어본다.

"괜찮니? 안 다쳤어?"

미안해하는 아이에게 안 다쳤으면 다행이라며 다독여 준다. 놀란 아이에게 안전함과 따뜻함을 느끼게 해주고 싶다.

용서, 아이들에게서 용서를 배웁니다

니코스 카잔차키스의 소설 『그리스인 조르바』는 '인간은 자유다.'라는 화두를 잘 보여준 책이다. 주인공 조르바는 기대가 없다. 손해와 이익을 따지지 않는다. 그에게 헛소리, 사색, 약점, 이 세 가지는 별반 차이가 없다. '과오란 고백으로 반쯤은 용서된다.'라며 자신의 죄를 까 놓는데도 부끄럽지 않다.

며칠 전 수업을 방해하며 교사를 힘들게 하는 아이들에 대한 불평을 늘어놓고 있는데, 옆에 있던 선생님이 말했다.

"그 아이들은 다 수석 선생님 좋다고 하고 수업 재미있다고 하던데요?"

순간 뜨끔했다.

'나는 아이들 험담하는데…. 아이들이 나보다 낫네!'

차갑게 굳어있던 마음이 스르르 녹았다.

조르바는 하나님은 인간의 하찮은 죄를 시시콜콜 묻지 않고, 물 묻은 스펀지로 쓱싹쓱싹 문질러 죄를 씻어 버리고 천당으로 보낼 것이라고 말한다. 왜냐하면 '하느님은 굉장한 임금님'이라 '용서해 버린다는 것'이다. 그의 '자유'에는 인간에 대한 연민과 '용서'가 있었다. 내 마음에 쌓아두었던 상처에는 기대가 있었고 손해와 이익을 따지는 억울한 마음이 있었고 용서하지 못하는 원망이 있었다. 나의 실수나 과오는 나의 선택을 후회하게 만들고, 자신을 용서하지 못하게 했다.

해맑은 아이들, 때로는 악동들이다. 이들은 금방 화를 내다가도, 돌아서면 웃으며 인사하고 말을 건다. 이렇게 금방 잊어버리고 마주 보며 대화를 시작하는 아이들을 보며 '용서'를 배운다.

사과, 솔직하게 말할 용기를 내 봅니다

수업 시작하자마자 뒤에 있는 친구랑 계속 이야기하며 뒤쪽만 보고 있는 대한이의 어깨를 잡으며 말했다.

"자세를 바르게 하고 공부하자."

"에이씨! 재수 없게."

대한이는 내 손을 어깨로 밀면서 신경질을 냈다.

"방금 뭐라고 했니?"

"아니, 왜 내 어깨를 건드리냐고요!"

잠시, 멈춘다. 하나, 둘, 셋. 속으로 세어본다. 그리고 웃으며 말한다.

"어머! 미안. 선생님이 속상하게 했구나. 바로 앉아서 수업할까?"

그날 오후 대한이를 불러 물어보았다.

"대한아, 아까 수업 시간에 왜 그렇게 화냈어?"

"사실은 아침에 엄마, 아빠한테 잔소리를 많이 들어서 기분이 안 좋았어요. 동생 유치원 데려다주고 온다고 학교도 늦어 짜증 났어요. 그런데 선생님도 저 혼내는 줄 알고…. 죄송해요."

어린 시절 어른들은 늘 화가 나 있는 것 같았다. 조그마한 실수에도 버럭버럭 소리를 질러 무서웠다. 도를 넘은 비난과 처벌, 폭력은 상처가 되었다. 그들은 미안하다고 사과하지 않았다. 나이 어린 우리 잘못, 내 잘못이었다. 미워하고 용서하지도 못했던 나는 성인이 되어 그들의 실수를 반복했다. 처벌 대신 '용서'의 마음으로 다가가야 했다. 아이의 이야기에 귀 기울여야 했다. 사과는 그 타이밍에 해야 한다. 솔직하게 사과할 용기가 필요하다.

그때 하지 못했던 말을 해본다.

"얘들아, 놀랐지? 선생님이 미안해. 다치지 않았니?"

진짜 공부

||||||||||||

이상한 시험, 성적이 도덕성을 증명하다

어릴 때 도덕 시험이 너무 이상했다. 답이 뻔한 이런 시험을 왜 칠까?

문제) 길가의 쓰레기를 보았습니다. 어떻게 할까요?

1. 주워서 쓰레기통에 버린다.

2. 못 본 체한다.

3. 청소부의 할 일이니 그대로 둔다.

4. 나도 쓰레기를 버린다.

초등학교 시절 도덕 시험이 제일 쉬웠다. 실제 내가 거리에 쓰레기를 버리든 말든 상관없었다. 성적이 나의 도덕성을 증명했다. 고등학교 시절 배운 윤리도 마찬가지였다. 암기가 더 어려워졌을 뿐 어떻게 살아야 하는지 진지하게 고민하고 토론해 본 기억이 없다.

30대 중반에 다녔던 대학원 수업도 별반 다르지 않았다. 여전히 암기가 중요했다. 그중에 제일 기억에 남는 영문학 수업은 이러했다. 문학 작품을 읽고 나면 쪽지 시험을 쳤다. 작품에 잠깐 스치고 지나갔던 하인의 이름은? 그의 성별은? 어떤 색깔 구두를 신고 있었나? 등과 같은 단답형 문제였다. 문학을 즐기지 않았고 작품에 대한 이해나 성찰을 나누지도 않았다. 나도 별생각 없었다. 학위로 경력만 증명하면 되었다.

빨간 머리 앤, 다르다는 건 나쁜 게 아니에요

우연히 넷플릭스에 「빨간 머리 앤」을 보게 되었다. 어린 시절 하도 많이 읽어 내용을 다 안다고 생각했는데, 푹 빠져 버렸다.

1900년대, 앤의 시골 마을에 새로 부임 온 스테이시 선생님. 성인 여성이 코르셋을 입지 않고 바지를 입고 자전거를 탄다.

교실의 책걸상을 치우고 원으로 앉아 수업한다. 보수적인 시골 마을에서 스테이시 선생님의 옷차림과 말과 행동은 눈길을 끈다. 불편한 마을 사람들은 주민 투표로 스테이시 선생님을 몰아내고 싶다.

먼저 마을 목사가 선생에게 기대하는 것을 이야기한다.
"교육의 목표는 지시에 잘 따르고 암기를 활용하는 능력을 기르는 것입니다. 쓸데없는 놀이나 활동할 시간은 없습니다. 개념이나 사상을 이해하는 것은 중요하지 않고, 암기와 암송이 가장 확실한 교육 방법입니다."

스테이시 선생님은 변론한다.
"왜 아이들 스스로 생각하도록 장려하지 않나요? 기차는 위험한 혁신이라고 했지만, 이제 기차 없이 살 수 있나요? 호기심 많은 사람이 우릴 앞으로 나아가게 합니다."

학생 대표로 앤이 말한다.
"얘기해주시면 잊습니다. 가르쳐주시면 기억합니다. 참여하게 해주시면 배웁니다. 다르다는 건 나쁜 게 아니에요. 같지 않을 뿐이죠."

스테이시 선생님을 두고 벌이는 1900년대 마을 투표 장면
이 2024년 우리 교육과 겹쳐 보였다. 오늘날 한국 교육은 대
학 입학시험에 집중되어 있다. 거의 암기력 테스트인 대학 수
학능력 평가. 수능 딱 하루에 학생들의 운명이 갈린다. 그 하
루를 위해서 초등학교 6년, 중학교 3년, 고등학교 3년, 총 12
년의 인생을 갈아 넣어야 하는 아이들은 학교에서 행복할까.

학원 뺑뺑이, 학교와 학원이 온 세상인 아이들

퇴근길에 학생을 만나 서로 인사하며 물었다.

"어디 가니?"

"학원 가요."

"저녁은 먹었니?"

"아뇨, 편의점에서 간단히 사 먹어요."

"그럼, 집에는 몇 시쯤 들어가니?"

"10시쯤요."

저녁 10시가 되어야 집으로 간다는 초등학생. 12시 넘어 잠
자리에 드는 아이는 다음날 아침밥도 못 먹고 학교로 다시 등

교한다.

쓸쓸한 퇴근길, 신호등을 기다리며 주변을 둘러보니 사방의 건물에 학원 간판이 빽빽하다.

'수학, 영어, 독서, 논술, 피아노, 미술, 종합학원…'

학교와 학원이 온 세상인 아이들. 핸드폰이 그들의 제일 친한 친구다.

6학년 분수의 나눗셈 수업을 연구한 적이 있었다. 분수의 나눗셈을 숫자로는 금방 잘 풀었다. 1÷1/4문제를 주면 ÷뒤의 1/4을 역수로 바꾸어 1×4=4, 암산으로도 푼다. 그런데 나눗셈의 개념은 정확하게 알고 있을까? 색종이 한 장이 1이라고 한 다음 1÷1/4=4를 색종이로 표현해 보라고 했다.

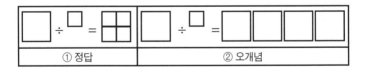

모둠에서 충분히 토의하고 내놓은 정답은 위의 ②번처럼 색종이 4장을 붙여 정답 4를 표현하였다.

"1÷1/4의 답이 4니까, 1이 4개가 되어야 맞잖아요!"

숫자로 계산으로 익힌 지식은 오개념을 만들고 있었다. 대분

수, 가분수, 진분수의 나눗셈을 색종이로 나타내는 수업을 6
차시 정도 진행했는데 아이들은 더욱 혼란스러워했다.

☐÷☐=☐	☐ ÷ ☐ = ☐	☐÷☐=
1/2÷1/2=1	1/2÷1/2=1	1/2÷1/2=1
① 정답	② 오개념	③ 오개념

　공부를 잘하는 아이들일수록 개념으로 배우는 것을 싫어했
다. 간단히 계산하면 되는데 왜 헷갈리게 만드냐고 불만을 토
로했다. 학부모도 불편해했다. 그냥 교과서대로 가르치라고
했다.

우리도, 행복할 수 있을까?
　오연호는 『우리도 행복할 수 있을까』에서 덴마크 공립교육
을 소개한다. 그에 따르면 덴마크 공립 학교는 7학년까지 점
수를 매기는 시험이 없다. 8학년부터 점수를 매기지만 등수를
매기지 않고 졸업 시험도 등수가 없다. 성적 우수상이 없는 덴
마크 공립 학교. 학교나 담임교사가 공부 잘하는 학생을 공개
적으로 칭찬하거나 특별대우도 하지 않기 때문에 학생 간에
경쟁은 일어나지 않는다.

우리나라에서도 혁신학교, 시골 학교 살리기, 대안학교 등에서 덴마크식 교육에 대한 시도가 있지만 지엽적이고 교육의 구조적 변화는 일어나지 않았다. 얼마 전 TV에서 초등학생이 벌써 '번아웃(Burn Out) 증상'을 느낀다는 뉴스를 보았다. 공부의 목적이 한 교실에서 지내는 친구를 이겨야 하는 경쟁, 각자도생이다. 한국 청소년의 자살률이 제일 높다는 통계는 우리 교육의 불행을 그대로 보여준다.

2022년 인기 있었던 드라마 「이상한 변호사 우영우」에 '방구뽕'은 학원 차를 탈취하여 아이들을 숲으로 데려가서 신나게 놀았다. 유괴의 죄명으로 법정에 서게 된 '방구뽕'은 자신이 겪었던 교육에 대해 이렇게 말한다.

"대한민국 어린이의 적은 학교와 학원 그리고 부모입니다. 그들은 어린이들을 놀지 못하게 합니다. 행복한 어린이, 건강한 어린이를 두려워합니다. 불안해하는 어린이, 고통받는 어린이, 복종하는 어린이를 원합니다. 어린이들을 더 바빠지게, 더 나빠지게 만들어 어른이 되기도 전에 세상과 등지게 만듭니다."

내 인생에 공부가 즐거웠던 적은 대학 졸업 후 스스로 영어 공부를 시작하고 배워갈 때였다. 영어 공부 대부분이 암기였지만 재미있었다. 외우고 익힌 표현을 사용해서 외국인과 소통할 때 가슴 설렜다. 타인의 강요와 평가 없이 즐길 때 진정한 공부가 시작되었다. 초·중·고·대학의 16년 동안 느껴보지 못했던 공부의 즐거움이었다. 영어 공부를 시작한 지 30년이 넘었지만 지겹지 않다. 자신의 공부를 찾아가는 길. 꼭 책상에 앉아서 책을 읽어야 하는 것은 아니다. 숲과 나무를 알아가는 것, 그림을 그리는 것, 춤이나 노래로 표현하는 것 등 다양한 공부가 있다.

학원 뺑뺑이를 돌며 공부해도 성적이 불안한 어린이, 제일 친한 친구를 이겨야 하는 어린이를 키우는 사회가 안타깝다. 「빨간 머리 앤」의 이야기처럼 개념을 배우고, 참여하며, 호기심을 키우는 학교에서 아이들이 건강하게 자란다. 바람은 시작되었지만, 아직은 미비하다. 진짜 공부가 필요한 때다.

'교포'의 입장

|||||||||||||||||

나의 입장, 다음엔 미리 일정을 상의해 주세요

나는 '교포'다. 교장 승진을 포기한 교사다. 10년 이상 인생을 갈아 넣는 승진 과정과 경쟁이 싫었다. 하지만 수업 전문가로 증명되는 수석교사 제도가 생겼을 때 도전해 보고 싶었다. 2013년 수석교사가 되고 보니 역할과 지위가 어중간했다. 관리자는 승진 패배자에 불과한 수석이 설친다고 싫어하고, 교사는 교장도 교감도 아닌 수석이 수업에 참견한다고 불편해했다.

수석교사는 주로 수업을 연구하고, 동료 교사의 수업을 사전, 사후 컨설팅하며 수업을 참관해서 분석하고 피드백한다. 특히, 수석교사 참관이 필요한 장학 수업은 담당자와 의논해서 일정을 짠다. 그런데, 그해는 수업 업무 담당자가 바뀌고 사전 협의 없이 일방적으로 일정을 통보했다. 내 수업 시간에 타인의 수업을 참관해야 하는 꼬인 일정이었다. 담당자에게 메시지로 연락했다.

'채 선생님, 제가 참관할 수 없는 일정으로 짜여 있습니다. 확인 바랍니다.'

날라 온 대답은 자신이 얼마나 고생했는지 자화자찬하며 그럴 리 없다고 했다. 내 수업 시간표를 직접 들고 교실을 방문했다.

"제 시간표를 보세요. 이 시간에 참관할 수 없습니다."

"아…"

잠시 확인해 보더니, 작년 나의 시간표로 일정을 짰다고 했다. 미안하다는 말은 없었다.

다음 달 비슷한 일이 또 생겼다.

"채 선생님, 다음엔 미리 상의해 주세요."

"내 업무입니다. 내 일은 내가 알아서 할게요."

이후 채 선생님은 나를 보면 못 본 체했다. 나도 무시했다. 아이들에게 친구랑 잘 지내고, 서로 싸우면 화해하라고 가르치면서 정작 교사들이 서로 다툴 때 한심해 보였는데, 나도 그럴 수 있는 거였다. 다 내 마음 같지 않은 세상이라 의견이 다를 수 있고, 모두가 나를 좋아할 순 없지만 내내 서운했다.

채 선생님의 입장, 이 정도 실수는 누구나 할 수 있지 않나

기억은 개인적이다. 마음의 불편함이 사라질 즈음, 채 선생님 입장으로 뒤집어 생각해 보았다.

새 학교에 전입해서 모든 게 낯설다. 수업 업무도 처음이라 생소하다. 작년 업무 카드를 꼼꼼히 살폈다. 도와달라는 말도 못 하고, 혼자 끙끙 앓아가며 전체교사 공개 수업 일정을 짰다. 완성했을 때 뿌듯했다.

결재받고 전 교사에게 공개 수업과 참관 일정을 안내하자마자, 수석교사라는 사람에게서 연락이 왔다. 수석교사 일정에 착오가 있었다.

'이 정도 실수는 누구나 할 수 있지 않나?'

다시 짜야 하는 내가 더 힘든데, 위로는 못 해줄망정 '너 잘못했지?' 하는 표정으로 서 있는 수석이 밥맛이다.

그런데 재수 없게 비슷한 일이 또 발생했다. 아니, 지난달에 그런 일이 있었으면 미리 다음 업무를 안내해 주고 가르쳐주었으면 좋았을 텐데, 내가 실수하길 기다렸다는 듯이 와서 지랄이다. 아, 올 한해 쉽지 않겠다. 이 수석교사 인상도 더럽다. 인사하기 겁난다. 피하는 게 상책이다.

행동의 창, 문제의 소유를 분리하는 연습이 필요합니다

토머스 고든 박사의 '행동의 창(The Behavior Window)' 이론에 따르면, 우리 마음에는 상대방의 말이나 행동을 대하는 창문이 있다. 이 창문에는 문제 상황을 받아들일지 거부할지 결정을 움직이는 수용선이 있다. 내가 기분이 좋은 날은 수용선이 내려가서 문제를 긍정적으로 받아들이지만, 몸이 아프거나 신경이 예민할 때는 수용선이 올라가서 화를 낸다.

고든 박사는 '행동의 창'에 상대방의 말이나 행동이 들어오면 '이것이 내 문제인가? 상대의 문제인가?' 구분하라고 조언한다. 만약, 한 아이가 수업 중 소란을 피우며 이렇게 말했다고 가정해 보자.

"선생님 수업 졸라 재미없어요!"

'이 자식이 건방지게 선생님을 놀리나?'

아이 말에 선생님의 감정이 끓어오른다면, 이 사건은 '교사의 문제'가 된다. 교사의 수용선이 올라가서 문제를 바로 볼 수 없다. 교사는 자신의 분노로 힘들어진다.

수업을 방해하고, 야유까지 보내는 아이를 보면 교사는 화가 날 것이다. 그러나 그것은 교사의 문제가 아니다. 소란을 피우고 있는 아이가 문제를 소유한 것으로 분리하면 교사의 수용선은 내려간다. 그러면 문제 해결을 위해 아이에게 다가갈 수 있다.

"○○아, 속상한 일 있었니? 선생님 수업이 어려웠니?"

이렇게 문제의 소유를 분리하면 여유가 생긴다. 아이를 도와줄 수 있고, 내 수업에 문제가 있는지도 되돌아볼 수 있다. 문제의 소유를 분리하고 나의 수용선을 내리면, 상대의 이야기를 들어볼 수 있다. 상대를 이해할 수 있는 출발이다.

내 입장, 너의 입장, 서로의 처지를 이해하며 어른이 되어갑니다

10년째 이어오고 있는 교학상장 독서 모임. 다양한 분야의 책을 읽고 나누며 일상의 고민도 이야기한다. 어떤 말을 해도 충분히 공감받는 자리다. 한번은 아이들과의 갈등을 이야기하다 눈물을 쏟은 적이 있다.

"에고, 아이들이 선생님 마음을 몰라줘서 속상했겠다."

"얼마나 애썼을까?"

다들 내 감정이 풀릴 때까지 들어주었다. 한마디씩 해주는 말은 따뜻했다. 내 입장을 충분히 공감받고 나니, 나의 감정 속에 아이들과 좋은 수업을 하고 싶다는 욕구를 만날 수 있었다. 열심히 수업을 준비했지만, 아이들의 흥미와 수준과 맞지 않아 교사도 힘들고 아이들은 집중할 수 없었던 내 수업이 보였다. 덕분에 다음 날 편안하게 아이들을 대할 수 있었다.

내 입장을 이렇게 공감받고 위로받았다면 역지사지도 되어야 하는데 그게 어렵다.

저녁 식사 시간, 신랑이 자기 입술을 보여주며 말했다.

"여기 봐. 여기가…"

신랑이 말을 시작하자마자 나는 말했다.

"나도 입술이 여기 터졌어, 지금 입안도 헐어서 음식 먹기 힘들어."

"…"

신랑은 씁쓸한 표정으로 한마디 했다.

"내가 아프다고 하는데, 당신 아픈 이야기만 하나?"

신랑의 입술을 보니 벌에 쏘인 것처럼 퉁퉁 부어서 입을 벌리기도 어려울 만큼 아파 보였다. 내 입술과 비교 불가였다.

"아이고~ 많이 아파? 약은 발랐어? 우리 신랑 힘들었나 보네."

"늦었다. 벌써 삐졌다."

너의 입장에 서 보는 것. 여전히 어렵다. 하지만 그 순간을 알아챘다면 한 박자 늦게라도 상대의 입장에 서 보려 한다.

수석교사 초기 시절, 제도가 안정되지 않았고 설 자리가 없어 마음고생을 많이 했다. 관리자와 교사 모두 수석교사를 불편해서 서운함이 쌓여 있었다. 인정받고 싶은 나의 욕구가 채 선생님의 업무처리 과정에서 분노로 폭발했다. 내 눈에는 업무로 힘들어하는 선생님이 안 보이고, 나를 무시하는 젊고 건방진 여교사만 보였다.

몇 년 뒤, 안면이 있는 선생님이 환하게 웃으며 다가왔다.

"수석 선생님, 안녕하세요? 잘 지내시죠?"

서로 반갑게 안부를 묻고 헤어지며, '누구지?' 한참 생각했다. 채 선생님이었다. 그도 나처럼 뒤집어 생각해 보았을까? 어른이 되어 간다는 건 다양한 사람들의 존재를 인정하고 그들의 처지를 이해하려는 마음을 가져보는 것이 아닐까. 그와의 경험을 통해서 깨달은 인생의 교훈이다.

당신은 '나'입니다

||||||||||||||||||||||||||||

우울한 교사, 그냥 모른 척해주세요

'터질 게 터졌다.'

2023년 7월 18일 서울 강남의 한 초등학교 교실에서 23세의 초임 교사가 극단적인 선택을 했다. 학급 내 폭력 사건과 학부모의 악성 민원이 원인이었을 거라는 언론 보도가 있었다. 전국의 교사가 들끓었다.

'당신은 나입니다.'

추모와 집회에 모인 선생님은 외쳤다.

감정과 분노가 통제되지 않는 아이, 수업을 방해하고 교사를 조롱하는 아이, 선생님을 협박하는 학부모까지…. 홀로 감당하기 버겁다. 학부모의 문자나 전화만 와도 가슴이 답답하고 불안하다는 선생님을 일상처럼 만난다.

몇 년 전 퇴근 후 딸과 요가 수업을 받던 날이었다. 한여름에 모자가 달린 두껍고 긴 후드 티를 입은 여자가 요가 수업에 왔다. 요가 동작은 하나도 따라 하지 않고 후드 모자를 깊숙이 쓴 채 한 시간을 멍하니 누워만 있다가 가곤 했다.

"엄마, 저 사람 좀 이상해." 딸이 말했다.

요가 선생님에게 물어보니 초등학교 선생님인데 아이들과 갈등, 학부모의 민원으로 우울증이 심하게 와서 병가 중이라고 했다. 처음에는 집 밖에도 안 나왔는데 요가원까지 온 것도 대단한 일이니 그냥 모른 척해 달라고 했다.

"선생님, 병가 내고 쉬세요."

폭력적 성향의 아이, 학부모의 민원으로 힘들다는 선생님에게 쉬라고 조언한다. 교육자의 헌신과 희생, 아이들과 눈을 맞추고 학부모와 상담하면서 보람을 느끼던 이야기는 케케묵은 먼 옛날 같다. 사명감으로 버티라는 말을 할 수 없다. 우선 멈추고 쉬면서 다친 마음과 몸을 보살피라고 한다.

일그러진 영웅, 엄석대는 실제로 존재했다

이문열의 『우리들의 일그러진 영웅』은 초등학교 교과서에도 실린 단편소설이다. 학급 반장으로 선생님의 신임을 받고 모든 교과에서 1등이며 모범인 엄석대는 사실 힘과 권력으로 급우들을 조정하고 대리 시험까지 치게 하는 모순덩어리 영웅이었다.

학교에서 엄석대 같은 아이를 만날 때가 있다. 축구와 달리기는 교내에서 일등. 인물도 좋고 인기도 높다. 이문열 소설과 다른 점은 현대판 엄석대는 공부도 잘하고 가정환경도 좋다.

"선생님, 저 화장실 다녀올게요."

수업 시작하자마자 화장실을 간다고 남학생 한 명이 일어서서 문소리를 요란하게 내며 나가면 몇 명이 우르르 따라나간다.

"드르륵, 쾅, 쾅, 쿵 쿵 쿵"

한 명씩 교실 문을 시끄럽게 여닫으며 들어와서 떠들썩하게 자리에 앉자마자 큰소리로 선생님을 불러댄다.

"선생님, 교과서 몇 쪽 펼까요?"

"선생님, 저 연필이 없는데요?"

"선생님, 저는 지우개가 없어요."

"선생님, 교과서 몇 쪽이라고 했죠?"

"선생님, 영어책이 없는데요?"

"선생님, 저 공책이 없어요."

수업을 할 수 없을 만큼 야단법석이 지속될 동안 뒷자리에서 조용히 앉아서 지켜보는 '일그러진 영웅 엄석대'가 있다.

"조용히 해라. 공부하자."

엄석대의 한마디에 교실은 바로 정숙해진다. 이 한마디가 없으면 40분 내내 교실은 난장판이다. 엄석대와 관계가 좋지 않은 교과 전담 선생님들은 수업이 어려웠다. 젊었던 담임 선생님은 사표를 쓸까 고민했다. 꿈에서도 엄석대가 보인다고 생각만 해도 가슴이 조여들고 힘들다고 했다. 일 년 내내 일어나는 교내의 사건과 사고에 엄석대가 관련이 있는 것 같은데, 치고받고 싸우는 현장에 엄석대는 지켜보고 있는 아이였다. 아무도 엄석대가 싸움을 시켰다고 말하지 않았다. 아이들은 선생님보다 엄석대를 더 무서워하고 따랐다. 엄석대의 부모님은 아들이 리더십 있는 모범적이고 우수한 아이라고 믿고 있었다.

철학의 부실, 오늘도 선생님은 판결을 내려야 합니다

"선생님, 대학 어디 나왔어요?"

"진주 교대 나왔는데, 왜?"

"우리 부모님은 인서울 대학이에요. 저도 인서울 대학 갈 거예요."

부모의 학벌과 사회적 지위가 교사보다 높다고 자랑스럽게 말하는 아이들. 그들 부모의 교육열은 높다. 아이들에 대한 사랑과 정성도 대단하다. 그만큼 선생님에 대한 예의도 정중했으면 좋겠는데, 반비례한 경우를 접한다.

'내가 의사인데, 학벌이 높은데, 빌딩이 있는데…'

아이들의 다툼에 변호사를 보내는 학부모. 서비스직 선생님은 '슈퍼 을'이다.

"오늘 몇 번의 판결을 했어요?"

수업을 마치면 교사들끼리 서로 물어본다. 교내에서 일어나는 사소한 갈등과 다툼, 사건과 사고로 하루 종일 중재와 판결을 해야 한다.

"네가 먼저 때렸잖아?"

"네가 먼저 욕했잖아?"

대부분은 자신의 속상한 감정을 알아달라는 것이다. 아이의 마음만 공감해 줘도 해결되는 경우가 많다. 하지만 학교폭력이 발생하면 학교 교육을 불신하는 학부모의 불만으로 사안은 심각하게 변한다. 가해자가 피해자가 되고 피해자가 가해자가 되기도 하면서, 교내의 모든 CCTV를 돌려보고 증거와 주변의 증언들까지. 교사가 경찰, 검사, 변호사, 판사가 되어야 한다.

 PD 수첩 「지금 우리 학교는」 방송에 따르면, 학부모의 악성 민원, 생활지도에 대한 불응·무시·반항, 학부모의 폭언·폭행, 학생의 폭언·폭행 등으로 교권 침해를 당한 적이 있다고 대답한 교사가 99.2%에 달한다. 학교에서 발생하는 민원은 교사에 대한 고발과 고소로 이어지기도 한다. 민원 해결로 탈진한 교사는 교육활동을 제대로 할 수 없다. 학부모가 원하는 상황이 분명 이런 극단적인 상태가 아닐 텐데 교사를 괴롭히는 공격을 멈추지 않을 때 안타깝기만 하다.

 오연호의 『우리도 사랑할 수 있을까』에 따르면 행복 지수 1위인 덴마크 교육의 6개 키워드는 자유, 안정, 평등, 신뢰, 이웃, 환경이다. 이것을 다시 세 단어로 표현하면 '스스로, 더불어, 즐겁게'이다. 책의 작가는 대한민국의 교육에 대해 아래와 같이 비판한다.

'어떻게 살 것인가, 인간답게 사는 것은 무엇인가, 인간을 행복하게 하는 것은 무엇인가에 대한 철학의 부실은 교육의 부실로 이어졌고, 그것이 사회 속에서 삶과 문화의 부실로 이어졌다. 나의 안위, 나의 성공, 나의 출세만 주요 관심사가 되었고… 우리의 성공, 우리의 행복은 챙기지 못했다.'

과거 대가족 문화와는 달리 핵가족을 이루고 있는 현대인은 사회성 교육을 가족 내에서 하기 힘들다. 어떻게 갈등을 마주하고 서로 조정하며 해결하는지를 배우는 곳이 학교다. 학교는 사회를 살아가는 기본 자질을 마음껏 경험해 보는 곳이다. 사회가 더 복잡해지고 다양해질수록 학교와 교사의 역할은 더 중요하다. 훌륭한 교사로 성장할 수 있게 도와주는 조력자가 학부모와 사회다. 그런 사회와 학부모가 교사를 더 힘들게 하지는 않았는지 되돌아볼 시점이다.

학부모가 되다

||||||||||||||||||||

엄마의 마음, 우리 모두 누군가의 귀한 자녀입니다

둘째 아이 임신 5개월쯤 토익 시험을 쳤다. 2시간 반을 집중해서 영어 시험을 치고 나니 피곤했다. 오후에 심한 하혈이 시작되었다. 쏟아져 내리는 느낌. 유산인 줄 알았다.

"아이는 괜찮습니다. 하지만 산모가 안정을 취해야 합니다."

병가를 내고 일주일 정도 누워서 지냈다. 그래도 무리하지 않는 선에서 영어 공부는 꾸준히 했다. 모든 인생이 남편과 아이에 맞추어져 있는 아줌마가 되는 게 싫었다. 그해 배가 남산만 할 때 초등교사 영어 말하기 대회에 출전해서 1등급을 받기도 했다.

어린 딸과 아들은 번갈아 가며 아팠다. 병원 가는 날이면, 퇴근하자마자 어린 딸의 손을 잡고 아들은 업고 병원까지 걸어가야 했다. 한참을 대기해서 진료를 마치고 집에 오면 기력도 없는데 그때부터 전쟁이었다. 아이를 업고 싱크대에 서서 밥을 먹고, 등에서 떨어지지 않으려는 아들과 엄마의 사랑이 필요한 딸을 챙기며 집안일까지 하기가 늘 고단했다. 밤에는 신랑과 번갈아 자며 아이를 업거나 안고 지냈다.

'우리 엄마도 나를 이렇게 고생하면서 키우셨겠구나!'

'학부모들도 아이를 이렇게 키우고 있구나!'

두 아이의 엄마가 되면서, 선생님의 마음이 엄마의 마음으로 옮겨갔다. 다들 집에서 얼마나 고생하며 키웠을지, 아이들 모두 누군가의 귀하고 소중한 자녀라는 것이 피부로 느껴졌다. 집에서 자기 방 정리 정돈, 책가방도 잘 못 챙기는 내 아이가 학교에서 교실 청소를 잘할 수 있을까. 학교에서 공부하기 싫어하고 적응하지 못하는 아이를 보면 내 아이를 보는 것 같았다. 어떤 담임 선생님이 내 아이를 지도하면 좋을까를 상상하며 내가 실천해 보아야겠다는 생각도 들었다.

알 수 없는 운명, 잡고 싶은 소중한 가치에 집중하기

야무지고 자기 할 일을 똑 부러지게 하는 첫딸과는 달리 아들은 어릴 때부터 자주 아프고 잘 울고 겁도 많았다. 유치원과 초등학교 1학년을 미국에서 다닌 탓에, 한글을 제대로 익히지 못했고 발달도 느려 1년을 유예했다.

"엄마, 한국 학교 아이들은 너무 무서워."

한국 학교를 다녀온 첫날 말했다. 아들은 학급 친구들보다 한 살 많은데도 같은 반 아이들보다 운동신경과 언어 이해력이 느렸다. 공부에도 영 취미가 없었다. 선생님의 눈으로 보면 부족하고 걱정이 될 것 같지만, 엄마의 마음은 달랐다. 그냥 건강하게 자라주는 것만으로도 안쓰럽고 예쁘고 기특했다.

「벤자민 버튼의 시간은 거꾸로 간다」 영화의 주인공 벤자민은 제1차 세계 대전이 끝난 1918년 11월 11일 밤, 80대 노인의 외모로 태어나서 요양시설 앞에 버려진다. 어린 시절 노년의 모습으로 자라는 벤자민에게 요양원 노인들은 벗이고 가족이다. 그 중심에는 버려진 벤자민을 아들로 받아들인 흑인 여성 퀴니가 있다.

퀴니의 요양원은 노년을 외롭지 않게 정리할 수 있는 아늑한 집과 같다. 한 테이블에 앉아서 함께 밥을 먹고, 거실에서 대화를 나누고, 큰 나무가 있는 정원에서 시간을 보내기도 한다.

가족들이 편안하게 오가며 자신이 키우던 강아지도 데리고 와서 키운다. 요양원의 직원과 노인들과의 관계가 편안하다. 요양원을 운영하는 마음 넉넉한 퀴니는 종종 이렇게 말한다.

"운명은 아무도 몰라."

퀴니의 말처럼 얼마 살지 못할 것으로 예측되었던 벤자민은 점점 젊어지며 갓난아이의 모습으로 생을 마쳤다. 퀴니가 자주 했던 '운명은 아무도 모른다.'라는 말은 아마 이 말이 아닐까?

"바로 이 순간에도 어떻게 될지 아무도 모르는 것이 인생이다. 그러니까… 인생에서 잡고 싶은 소중한 의미와 가치에 집중하며 살아라."

여린 새싹, 저마다 꽃을 피우는 시기가 다르기에

교실에서 마주하고 있는 아이들의 운명 또한 그렇다. 아무도 모른다. 더 넓은 세상에서는 성적 하나로 순위가 매겨지고 인생이 결정되는 것은 아닐 것이다. 아들은 공부에 취미가 없고 성적도 하위권에 운동신경도 느렸지만, 늘 공을 가지고 놀았다.

"저렇게 공을 좋아하고 매일 운동장에서 연습하는데, 실력이 참 안 는다."

초등학교 5학년 때 담임 선생님이 아들을 안타까워하며 말했지만, 아들은 좋아서 하는 축구라 스트레스받지 않으며 꾸준히 했다. 그 시간이 쌓여 고등학교 때는 학급 대표 축구선수 후보로 뽑히더니, 선수 교체 후 골을 넣었다. 반 아이들의 함성이 얼마나 짜릿했는지 흥분해서 말하던 아들의 모습을 잊을 수 없다. 지금은 자신이 하고 싶은 꿈을 찾아 열심히 미술을 전공하고 있다.

"엄마, 책을 많이 읽어야겠어요. 아는 게 있어야 좋은 그림을 그릴 수 있겠더라고요."

대학생이 되어 독서 모임에도 나가고 인문 책들도 읽기 시작했다.

아들을 키우며 공부에 취미가 없는 아이들, 학습에 어려움을 느끼는 아이에게 마음이 갔다. 학부모 마음이 선생님의 마음에도 그대로 투영되었다. 여린 새싹에서 한 그루의 나무가 되기까지 싱그러운 봄날의 싹들이 자라는 초등학교 교실. 이들은 각각이 다른 꽃과 나무다. 같은 양의 물을 줄 수도 없고, 물주는 시기도 다르고, 햇빛을 좋아하기도 하고 싫어하기도 한다. 꽃을 피우는 시기도 다 다르다. 모두에게 장미가 되라, 소나무가 되라며 주문을 외울 수 없다. 그들만의 개성과 색깔을 찾아가며 아름다운 꽃과 나무로 자라날 아이들의 한여름을 기대하며 오늘 수업을 한다. 학부모의 마음으로 아이들을 바라보면, 모두가 내 아이 같다. 오늘도 행복한 수업을 하는 선생님들이 많길 기도한다.

자존감을 무너뜨리는 사람들

||||||||||||||||||||||||||||||||||||||||||||||||

차근히, 오래 보아야 더 예쁘다

대학생을 상대로 '나의 자존감을 무너뜨리는 사람' 설문조사
를 했다. 결과는 다음과 같다. 1위 엄마, 2위 아빠, 3위 선생
님. 모두 자존감을 세워주는 순위에 들어 있어야 할 사람들이
다. 그런데 결과에 수긍이 된다. 가정과 학교, 사회의 단면을
보여주기 때문이다.

수업 중에 아이들이 늘 묻는 말이 있다.

"선생님, 이거 하면 뭐 줘요?"

"아무것도 없는데? 그냥 하면 안 돼?"

"그럼 안 할래요."

보상이 없으면 수업 활동도 거부하는 이 아이들의 미래 꿈은

대부분 부자, 돈 많고 아무 일도 안 하는 거, 건물주다.

부족함 없이 풍요로운 환경에서 자란 아이들은 눈에 보이는 즉흥적인 보상을 원한다. 1등 하면 핸드폰 바꿔주는 식의 '~~하면 ~~해준다'라는 거래에 익숙하다. 마트에 가면 농수산물, 공산품이 가득하다. 돈만 있으면 해결되는 세상을 보고 자랐다. 소비가 쾌락을 주는 세상. 더 많이 더 좋은 것을 가진 사람이 언제나 부러움의 대상이 된다.

유튜브 세상이 열리면서 아이들은 영상 매체를 빠르게 흡수했다. 특히 쇼츠 영상과 게임 등의 영향으로 짧고 즉흥적인 콘텐츠에 익숙한 아이들은 수업을 지겹고 느리다고 느낀다. 5분 이상 진행되는 동영상도 보기 힘들어한다. 하물며 문해력이 필요한 책은 읽어내지 못한다. 텍스트를 천천히 오래 보지 못한다. 수업은 단위 시간의 목표(공부할 문제)가 있다. 이를 해결해 가는 과정에서 지식과 교양, 태도를 배운다. 당연히 참고 견디는 끈기가 필요하다. 힘든 과제에 매달리고 어려운 문제를 해결해 가면서 성취감과 자존감을 키울 수 있다. 그러나 너무 쉽게 인터넷이나 유튜브에서 정답을 찾을 수 있고, AI가 문제도 대신 풀어주면 사고력과 창의력은 자랄 수 없다.

셀 수 없이 쏟아지는 쇼츠 영상과 빠르게 진행되는 게임에 눈과 마음을 빼앗길수록 내 현실은 귀찮다. 의욕도 생기지 않는다. 부모도 마찬가지다. 아이들과 함께 책을 읽고 대화하는 대신, 부를 향한 욕망을 부추긴다. 더 성공하기 위해 공부하라고 잔소리하지만, 정작 자신도 핸드폰에 눈을 빼앗긴 상태다.

타인은 지옥, 아무리 애써도

아침마다 거울 앞에서 내 모습을 점검한다. 나의 정체성이 타인의 평가에 따라 정해지는 것처럼, 보이는 모습에 신경 쓴다. 거울에 비친 내 얼굴, 타인의 눈에 보이는 모습으로 내가 평가되는 것 같다.

"넌 외모에 지나치게 신경 쓴다. 말마다 돈 이야기다."

대학교 시절 친했던 언니가 이 말을 했을 때, '나에 대해 얼마나 잘 안다고, 지는 얼마나 잘 살기에?'하는 마음에 속상했다. 그렇게 두 마디로 단정해 버리는 것이 억울했다. 하지만 시간이 지날수록, 그 말이 가시처럼 가슴에 박혀서 떠나지 않았다. 그리고 인정해야 했다. 부끄러운 내 모습이었으니.

부모와 선생님에게서 인정받지 못하고 늘 비교당하고 평가당하며 사는 사람의 자존감은 낮다. 상대의 시선을 의식하면,

긴장하고 눈치를 살피게 된다. 용기 있게 자신의 의견을 말하지도 못하고, 자신의 실수를 사과하기보다는 변명으로 합리화한다. 유명한 사람의 말, 연예인의 말, 책에서 읽었던 글귀, 단순한 지식을 열거하며 자신을 포장하지만, 속은 허전하다. 고도의 산업 발전과 경제성장의 시대를 살았던 세대는 아마 나와 비슷한 경험을 했을 것 같다.

  철학자 사르트르는 '타인은 지옥이다.'라고 했다. 인간을 관찰하고 평가하고 결국 대상화하는 지옥 같은 타인의 시선을 나는 욕망했다. 타인의 시선을 의식할수록 타인이 나를 어떻게 볼까를 걱정했다. 하지만 나이가 들면서 아무리 그들의 시선을 의식하고 신경 써도, 남들은 내게 그만큼 관심이 없다는 것을 깨달았다. '호감형'이 되고 싶었지만, 그건 불가능했다. 언제 어디서나 나를 싫어하는 이들은 존재하고, 내가 마주하고 싶지 않은 '재수탱이'도 있었다. 때로는 내가 그들에게 '또라이'가 되기도 했다. 이제 그 시선을 갈망하기보다 나의 시선을 안으로 돌리고 싶다. 내가 무슨 말을 하고 싶은지 어떻게 살아왔고 어떻게 살고 싶은지를 절실하게 들여다보고 싶다.

온 마음으로 지지해주는 어른이 있다는 것

『가트맨의 부부 감정 치유』에 따르면 '초감정(meta-emotion)'은 '자신이 느낀 감정에 대해 느끼는 감정'이라고 한다. 어떤 말과 행동에 지나치게 흥분하고 분노를 느끼는 경우, 내 속에 풀지 못한 감정이 있다는 것이다. 나도 모르게 성장하며 경험했던 서운함, 억울, 혐오, 두려움, 즐거움, 기쁨 등을 '초감정'이라고 할 수 있다. 폭력적이고 무서웠던 가정환경에서 어린 시절을 보낼수록 거짓말을 잘하고 자신의 감정에 솔직하지 못한다. 부모나 어른에게 당했던 상처는 해결되지 않은 '부정적인 초감정'으로 남는다.

김승섭은 『아픔이 길이 되려면』에서, '우리 몸은 스스로 말하지 못하는, 때로는 인지하지 못하는 그 상처까지도 기억하고 있다.'고 말한다. '몸은 정직하기 때문에, 물고기 비늘에 바다가 스미는 것처럼 인간의 몸에는 자신이 살아가는 사회의 시간이 새겨진다.'라는 것이다. 상처가 쌓인 몸은 아프다.

부모는 아이들이 처음으로 보고 배우는 스승이자, 벗이자, 소중한 사람이며 선생님은 아이들이 존경하고 신뢰하며 더 큰 사회와 세상을 배우는 통로이다. 부모와 선생님은 갈등을 어떻게 중재하고 조절하는지 보여주는 사람이다. '네 가지 독.

비난, 경멸, 방어, 담쌓기'로 상처를 주고 갈등을 키우기보다 공감과 연민으로 아이들을 존중하고 존재 자체로 사랑해주어야 아이들의 자존감이 생긴다.

아이에게 이렇게 살아야 한다, 저런 사람이 되어야 한다고 조언하고 잔소리하기보다는 행동으로 삶으로 보여주는 어른이 주변에 많다면, 당연히 아이들도 '너 때문에, 어떤 상황 때문에'라고 상대를 탓하고 변명하기보다 문제의 원인을 스스로 찾고 변화하고 성장해 갈 수 있을 것이다. 아이의 편에서 그 마음을 진심으로 들어줄 수 있는 사람, 그들의 감정에 공감해줄 수 있는 따뜻한 사람, 온 마음으로 지지해주는 어른이 있을 때 아이는 솔직하고 용기 있는 사람으로 성장한다. 생각만으로도 기분이 좋아지는 '긍정적인 초감정'을 쌓을 수 있다.

자기 이유, 식탁의 논리를 넘어서

신영복의 『담론』에 버섯 이야기가 있다.

아버지와 아들이 산책하러 나갔다. 아버지는 지팡이로 버섯 하나를 가리키며 말했다.

"얘야, 이 버섯은 독버섯이다."

독버섯으로 지목된 버섯이 충격을 받고 쓰러졌다. 그러자 옆에 있던 친구 버섯이 말했다.

"그건 사람들이 하는 말이야."

버섯은 '사람의 말'에 의해서가 아니라, '버섯만의 자기 이유'로 살아가면 되는데, 왜 '식탁의 논리'로 자신을 평가받아야 하는지 질문한다.

자기 이유. 타인의 시선을 의식하며 달렸던 나도, 끊임없는 경쟁으로 힘들어하는 아이도, 자식의 미래가 불안한 부모도 '버섯 이야기'처럼 자기 이유가 필요하다. 가정과 학교, 사회에서 나의 존재만으로 충분히 응원과 지지를 받아야 타인을 공감하고 베풀 수 있는 사람으로 성장한다. 타인의 평가에 흔들리지 않는 자기 이유로 걸어가는 길. 식탁의 논리, 타인의 시선에서 해방되는 길이다.

- 우리는 열 세살 -

1994년. 이 시절 초등학교를 '국민학교'라고 불렀다. 교사 생활 4년 차가 되던 해 첫 학급 문집을 만들었다. 「우리는 열세 살」은 거제도의 '국산 국민학교' 6학년 아이들과 함께한 일 년의 기록이다. 표지는 그림을 잘 그리던 친구의 작품인데 지

금 보니 놀랍다. 이렇게 그림을 잘 그렸다니! 문집의 글씨도 너무 반듯하다. 핸드폰이나 자판에 익숙한 요즘 아이들보다 그 시절 아이들이 글도 잘 쓰고 글씨에 필력도 있는 것 같다. 부들부들 떨고

있는 선생님의 모습에서 장난꾸러기 아이들 모습이 떠오른다.

그 시절 한 교실에 48명의 학생이 있었다. 요즘은 25명만 넘어도 과밀학급이라고 힘들어하는데, 똑같은 크기의 교실에서 48명의 책걸상을 놓고 어떻게 수업했을까. 학년 축구대회에서 준결승을 하고 피구대회에서 1등을 했던 에너지 높고 활기찼던 우리 반. 아직 어리던 미혼 선생님과 개성과 끼가 넘치던 아이들. 교실은 늘 시끌벅적이었다.

학교 뒤에 있었던 높은 산 '국사봉'을 모두가 한마음이 되어 끌어주고 밀어주며 힘들게 오르고 뿌듯했던 추억. 에버랜드 놀이동산에서 놀이기구를 타며 즐거워했던 수학여행도 기억난다. 노래방이 한창 생기던 시기, 그때 좋아하는 노래 가사는 외워서 불렀다. 아이들과 가사가 아름다운 창작 동요도 외워서 함께 불렀다. 예쁜 노랫말은 아직도 생생하다. 가요계의 새로운 아이돌 댄스 가수 서태지의 열풍이 불었던 그해, '오렌지족, 야타족, 미시족' 등의 용어가 생기기도 했다. 1994년 10월, 한강의 성수대교가 무너져 온 국민이 충격에 빠졌던 사건이 아이들이 뽑은 10대 뉴스에 있다.

벌써 44살이 되었을 친구들의 꿈이 문집에 보인다. 농구선수, 야구선수, 변호사, 음악가, 선생님, 경찰, 발명가, 평범한 사람, 과학자,

화가, 연극인, 우주비행사, 서점 주인, 미술 선생님, 개그맨, 아이 엄마, 간호사, 고아원 아이 돕기, 미용사, 법관, 수학 교수, 부자, 발레리나, 피아니스트, 의사, 애견사 등. 아이들은 꿈을 이루었을까? 대학교 진학할 때까지 종종 연락했었는데, 이후 정신없이 살면서 이 아이들을 잊고 지냈다. 오랜 세월 후에 꺼내 보니 새롭고, 이름을 불러 보니 그때의 모습이 그려진다.

　발령 첫해, 선배 교사가 3~4월은 절대 아이들 앞에서 웃지 말라고 했었다. 안 그러면 일 년 내내 아이들 생활지도 힘들다며 아이들 앞에서 쉽게 보이지 말라고 당부했다. 철부지 선생님은 그 말을 따라 권위를 잡겠다고, 잘 웃지 않고 3~4월을 호랑이 선생님이 되려고 했다. 48명의 아이를 호령하려고 했으나, 잘되지는 않았던 것 같다. 어린 선생님은 아이들과 추억을 많이 만들고 싶은 욕심에 이것저것 시작은 해놓고 마무리를 잘 못했다. 그래도 이렇게 문집을 남겼으니 다행이다. 그 시절을 떠올리니 아이들이 선생님에게 더 다정했고 어른스러웠던 것 같다. 이 예쁜 아이들이 어떻게 살고 있을지 궁금하다.

6학년 5반의 10대 뉴스

6학년 5반의 10대 뉴스를 알려드리겠습니다.

10위 입니다. 쌀쌀한 계절의 날씨에 반대로 몇몇 여학생들이 애광원 아이들을 위해서 꽃과 카드를 만들어 팔았다고 합니다. 이 얼마나 아름다운 일입니까? 참. 왜냐면요. 원래 5반 여학생들이 착하다고 소문이 '쫙' 퍼져서 그렇다고 합니다.

9위 입니다. 6학년 전체가 다 같이 피구와 축구를 겨루었는데 여학생이 겨룬 피구는 우승. 남학생들이 겨룬 축구는 준우승을 하였다고 합니다. 원래 협동심이 좋은 건지 운동 실력이 좋은 건지 5반 정말 대단합니다. 쩌억 ㅠ

8위 입니다. 수학여행 가서 좀 더 재밌게 놀기 위해 베개 싸움을 하였답니다. 흥미를 돋우기 위해 불을 끄고 했다는데 남학생들이 맞아떨어져 울었다고 합니다. 아마 한꺼번에 공격을 했나 보죠.

7위 입니다. 6학년 5반의 ○○ 이라는 아이가 수영장에 가서 펀티를 빨리 말리려다 태웠다고 합니다. 쯧쯧. 안됐군요. (우째 이런 일이)

6위 를 알아볼까요? 진해에서 ○○ 라는 아이가 전학을 왔는데 5일 나오고 계속 안나오다가 요즘도 행방불명 이라고 합니다. 참 이상한 성격을 지닌 학생인 것 같습니다.

5위 는? 5반이 큰 용기를 가지고 국사봉을 정복했다고 합니다. 아무리 높고 험한 산이어도 5반한테는 당하지 못할 것으로 예상됩니다.

4위 ?: 다른반에서 전염시켜 온 깜짝본(쫄리스)가 더 유행되어 여자.남자 할거 없이 꼬집고 꼬집힌 사람은 복수하기 위해 또 하고 해 아이들의 공포로 몰고 온 깜짝 본은 조금도 수그러질 기색을 보이지 않았으나 요즘에는 조금씩 잠잠해지고 있다고 합니다.

3위: 아이들에게 정이 많이 든 △△ 이라는 아이가 전학을 가서 많은 여학생들의 편지와 함께 눈물을 흘렸다고 합니다. 그때는 적어도 한 달에 한 번씩은 찾아온다는 아이가 지금은 소식도 없다고 전해지고 있습니다. (?.)

2위: 요즘 텔레비전에 나오는 인기 연예인 때문에 여학생들이 난리가 났다고 합니다. 조금 더 정보를 얻고 김원준이나 서태지.차인표가 자기 것이라며 우기고 있다고 합니다. (그런데 죄송한 사람도 목한다고 합니다.

1위 ???: 1위는 여자 아이들이 단체로 머리 짜른 것이라고 합니다. 그이유는 2가지라고 합니다. 첫 번째 이유는 좀 더 깔끔하고 예쁘게 보이려는 것이고 두번째 이유는 중학생 언니들한테 찍힐 까봐 짜른 것이라고도 합니다. (주의사항 '찍힐 까봐' 이 말은 카메라 찍는 게 아닙니다.)

10위 권 밖에 있는 뉴스록 잠시 넣명드립니다. 11위 로는 ☆☆ . 미끄러져서 똥 밟다'가 있고 12위 로는 ⬠⬠, ○○이 매트 치워 얼굴 다치다'가 있습니다.

국내 10대 뉴스

여러분 오래 기다리셨습니다.
국내 뉴스 시간 입니다. 채널을 돌리지 마시고 고
정시켜 주십시오.

10위: 히로시마 아시안 게임에 출연한 우리나라
는 2위를 하였습니다. 정말 기쁜 소식이 아닐
수 없습니다. (여러분 기뻐 해 주십시오.)

9위: 아시아나 항공기가 추락했다고 합니다. 그러나
사람이 한명도 죽지 않았다고 합니다. 정말
기적입니다.

8위: 한국이 월드컵 축구 16강 진출하였다고 합
니다. 그러나 떨어져서 큰 충격과 함께 좌
절을 맛보았다고 합니다. (욕심이 아닙니다.)

7위: 남산을 되찾기 위해 남산을 가리고 있는
외인 아파트를 파괴했다고 합니다. 외인 아
파트에 사는 사람은 좀 안됐지만 남산을 찾는 것은
좋은 일입니다.

6위: 지금 현재 연예계에서 아주 독보적인 인기를
얻고 있던 서태지와 아이들이 일본에서의
긴 생활을 마치고 돌아오자 마자 이상한 소문이 나돌
있습니다. 서태지 노래 '교실 이데아'를 거꾸로 감아
들으면 '피가 모잘라'라는 소리가 들린다는 되지도
않은 소문이 들리고 있다고 합니다. 그래서 실험
을 해보니 '씨가 모과와'를 잘못 들어서 그렇다
고 합니다.

5위: 연예계의 인기 텔렌트인 차인표와 개그맨 이휘재 등이 군대를 가서 많은 팬들을 서운하게 하고 있습니다. 얼마뒤 이경재도 갈 것이라고 합니다. (남자라면 가야죠, 하지만 슬퍼. 흑흑)

4위: 충격적인 소식입니다. 국민들의 피같은 돈을 빼돌린 세무 비리 사건입니다. (우째 이런 일이라고 저는 외치는 바입니다.)

3위: 벌써 지나간 사건이긴 하지만 아직도 우리에게 공포를 떨치지 못한 지존파 사건입니다. 사람을 무차별 하고 잔인하게 죽인 지존파 일당들. 물론 그들 잘못도 있지만 우리 사회에도 문제가 큽니다. (예)오렌지족, 야타족, 미씨족, 압구정동)

2위: 아현동에서 지름이 20cm나 되는 대형 가스가 폭팔한 소식입니다. 이 사건으로 주위에 있던 집이고 건물이고 모조리 탄 인명피해도 아주 컸다고 합니다. 소방차가 몇 대나 와서 불을 껐지만 벌써 다타버려 형체만 남아있었다고 합니다.

1위: 서울 한강에 자리잡고 있던 성수대교가 무너졌다고 합니다. 그런데 더 큰 충격은 아침시간 이었기 때문에 출근하려고 버스에 탄 사람들과 길에 학생들이 있었기 때문에 인명피해가 아주 컸다고 합니다. 이건 허술한 공사와 부실공사 때문입니다. (이럴때 하는 말 말세다! 말세!)

2부

봄바람 가을바람,

선생님도 매일 처음인

새날을 시작합니다

||||||||||||||||||||||||||||||||||||||||||||||

다시 새날을 시작하는 오늘
|||||||||||||||||||||||||||||||||||||||||||||||

첫 발령 날, 철없던 초년 교사의 하루

'처음으로 하늘을 만나는 어린 새처럼, 처음으로 땅을 밟는 새싹처럼, 우리는 하루가 저무는 겨울 저녁에도 마치 아침처럼, 새봄처럼, 처음처럼 언제나 새날을 시작하고 있습니다. 산다는 것은 수많은 처음을 만들어 가는 끊임없는 시작입니다.'

신영복, 『처음처럼』 중에서

신영복의 『처음처럼』이라는 산문과 같이 인생은 늘 처음의 연속이다. 나의 선생님 인생도 늘 처음이었다.

1991년 거제시의 작은 학교에 첫 발령을 받았다. 6학년 담임으로 시작한 첫날 사고가 났다.

"선생님 큰일 났어요!"

복도에 있던 여학생들이 우르르 뛰어와서 선생님을 찾았다. 남학생 두 명이 뛰다가 부딪혔는데 한 명의 코뼈가 부러져서 피가 철철 흐르고 있었다.

13살 어린이 코뼈는 아직 성장 중이라 성형을 할 수 없어, 코뼈 중간이 휘어진 상태로 지내야 한다는 의사의 의견을 들었다.

"선생님, 우리 아들 때문에 고생이 많으시죠? 죄송해요."

당신 아들의 코뼈가 비스듬해졌는데도, 학부모는 화를 내기보다는 잘못 키운 당신을 탓했다. 당신 아들이 장난꾸러기라서 죄송하다고 거듭 말했다. 철없던 초년 교사는 그 아이들 탓이려니 했다.

첫 가정방문의 당부, '우리 아이 사람 만들어 주세요'

첫 발령, 3월 가정방문이 시작되었다. 아이들의 집을 방문해서 학부모와 상담해야 한다. 첫날 코뼈 사건에서 머리를 부딪쳤던 하늘이 집은 숲속에 있었다. 우리 반 아이들과 함께 작은 언덕을 넘어 점점 숲속으로 걸어갈 때, 날씨가 어둑어둑해지기 시작했다.

"선생님, 저기가 하늘이 집이에요."

조그마한 집이 가까이 보이기 시작한 순간. 몇 마리 개들이 뛰쳐나왔다.

"으르렁 캉캉! 왕왕!"

"으아악! 옴마야!!!"

선생님이 제일 빨리 정신줄을 놓고 도망갔다.

"선생님!!! 이제 괜찮아요. 이쪽으로 오세요."

그 동네에서 자란 아이들이 더 용감했다.

개를 극도로 무서워하던 나는 가까스로 하늘이 집에 들어갔다. 하늘이 엄마는 신내림을 받은 분이셨다. 신당 방 한가운데 소주병과 오징어를 두고 우린 마주 앉았다. 하늘이 엄마가 소주를 마시며 나를 뚫어지게 쳐다볼 때 '나는 너를 다 알지.' 하는 것 같아 무서웠다.

"선생님, 오징어 맛있습니다. 한번 드셔 보세요."

다른 집 가정방문을 했을 때와 비슷한 대화가 오갔다. 그녀도 아들 걱정하는 평범한 엄마였다.

첫 발령 시절, 아이들의 삶은 고만고만했고 학부모는 중졸이나 고졸이 많았다. 대학을 졸업한 선생님을 존경했고, 당신 아들 '사람 만들어 달라.'고 했다. 학교의 타자기 한 대로 공문을 처리했고, 모든 업무는 손으로 직접 적었다. "김OO 선생님, 전화 왔습니다."라는 방송이 나오면, 교무실까지 뛰어가서 전화를 받았다. 그 시절 출근길에 대우조선을 보면, 오토바이와 자전거가 끝도 없이 주차되어 있었다. 4년 뒤 떠나올 때 그 자리는 자동차로 바뀌었고, 교사의 일상도 달라지기 시작했다.

선생님은 서비스직입니다

90년대 중반부터 학교의 모든 업무는 컴퓨터로 대체되었다. 교육 연배가 높은 선생님이 갑자기 학교 업무에 폐를 끼치는 컴퓨터 부진 교사가 되어버렸다. 당시 많은 교사가 퇴직하였다. 컴퓨터로 업무가 효율적이고 빨라지면 교사 생활이 더 여유 있을 것 같았는데, 반대였다. 기술이 발전될수록 일은 더 많아졌고, 업무는 더 바빠졌다. 사회적으로도 IMF 외환 위기를 맞으면서 내 살기에 급급한 각박한 세상으로 변해갔다.

교사에 대한 시선도 달라졌다. 무조건 선생님을 신뢰하거나 존경하지 않는다. 그들의 잣대로 선생님을 평가한다. 학교에서 일어나는 사소한 사건에도 당사자가 되어 시비를 가리고 교사의 말을 녹음하기도 한다. 아이는 쏙 빼고, 변호사만 보내서 사건을 해결하기도 한다.

이 시대, 진정한 '사제지간'을 느끼는 선생님과 아이들이 얼마나 될까? 선생님들도 달라졌다. 괜한 시비에 휘말리지 않으려 한다. 아이들에게 최대한 친절하게 서비스를 베풀되 자신을 보호할 선도 유지한다. 의사 변호사 판사 등 '사'가 붙으면 전문직이라고 하지만, 직업 분류에 보면 교사는 서비스직으로 분류되어 있다. 학부모와 아이들은 고객님이시다. 이제 더는, 학부모가 '우리 아이 사람 만들어 주세요.'라고 말하지 않는다.

어떤 학교에 가고 싶나요?

정성식의 『교육과정에 돌직구를 던져라』 책에 소개된 '학생, 학부모, 선생님이 바라는 학교' 설문 내용의 일부는 다음과 같다.

-아이들이 바라는 학교

교과서와 숙제가 없는 학교, 선생님 없는 학교, 동물 키우는 학교, 요리하는 학교, 괴롭힘 없는 학교, 내 마음대로 하는 학교….

-학부모가 바라는 학교

놀면서 공부하는 학교, 지역사회에 봉사하는 학교, 아이들 문제에 공감하는 학교, 나에 대해 알아볼 수 있는 학교….

-선생님이 바라는 학교

나를 신뢰해 주는 마음이 편안한 학교, 아이들 학부모 동료와 소통이 잘되는 학교, 싸움과 문제를 일으키지 않는 착한 아이가 많은 학교….

설문 결과를 보면, 아이들과 학부모와 선생님의 마음이 만나기도 하고, 엇갈리기도 한다. 하지만 모두가 바라는 것은 학교에서 웃으며 즐겁게 의미 있는 시간을 보내고 싶다는 것이다. 『가르칠 수 있는 용기』의 저자 파커 파머에 따르면 우리가 기억하는 훌륭한 교사가 모두 동일한 방식으로 교육하고 동일한 방식으로 학생들과 관계를 맺었던 것은 아니라고 말한다. 이말은 훌륭한 교사의 공통점은 있을지라도, 그들 각각은 자신에게 가장 자연스럽고 적합한 방법으로 교육했고, 개별적이라는 것이다. 내가 아무리 훌륭한 교사를 흉내 내 본들, 나의 성품에 맞지 않는 가짜 얼굴로는 오래 버틸 수 없다는 말이다.

나는 어떤 선생님이 되고 싶었는가? 기억되지 않는 선생님이 되고 싶다고 생각했다. 좋은 기억보다 나쁜 기억을 더 오래 깊이 간직하는 인간의 습성을 볼 때, 기억하지 못한다는 것은 나쁜 기억이 없다는 뜻과 통하니 차라리 기억에 남지 않는 선생님이 되고 싶었다. 하지만, 40대 초반 주변의 관심을 받기 시작하면서 생각이 달라졌다. 연구하고 노력해서 모범인 교사가 되고 싶었다. 욕심으로 되는 것이 아닌데, 애를 썼다. 나의 수업이 나아지고 있다고 믿었다.

하루에 4시간 이상을 같이 지내는 교실에서 모두가 민낯이 되는 순간이 있다. 이때 교사의 본성과 아이들의 본성이 만난다. 그 순간은 기쁘고 즐거운 추억이 되기도 하고, 때로는 후회로 남기도 한다. 적나라함이 드러나는 현장, 나도 모르게 소리를 지르며 아이를 야단치는 순간. 내가 친절한 척, 훌륭한 척했던 것이 무너지는 순간. 그 자리에서 진실한 나의 모습을 마주해야 한다. 당연히, 모두 조용히 자신의 과제를 척척 잘할 리가 없다. 교사도 아이도 실수할 수 있다. 그러므로 서로에게 솔직할 때 용서하고 더 많이 이해할 수 있다. 이 과정에서 교사도 아이도 성장한다. 특히 교사는 그로 인해 가장 자연스러운 자신의 수업을 찾아간다.

철학자 헤라클레이토스는 '우리는 같은 강물에 손을 씻을 수 없다.'고 했다. 흐르는 강물처럼 교육도 세상도 변했다. 교사도, 학부모도, 아이들도 변했다. 무궁무진한 정보의 세상이 열린 후, 교사의 지식 전달자의 권위는 약해져 가고 있다. 이제 그 정보를 찾고 연결하고 창조하는 교육으로 나아가야 한다. 강물은 자연스럽게 흘러야 하는 것처럼, 우리도 매일, 매일 변하는 새날을 맞이해야 한다. 나의 처음인 오늘이 우리 아이들에게도 처음인 날이다. 가장 자연스러운 자기다운 모습으로 '다시 새날을 시작'하는 오늘, 처음인 수업을 한다.

영어 선생님의 영어 울렁증

IIIIIIIIIIIIIIIIIIIIIIIIIIIIIIIIIIIIIIIII

영어 부진아에서 영어 선생님으로

영어 공부 30년, 영어 수업 24년. 그런데도 영어 울렁증이 있다. 학창 시절부터 늘 영어가 문제였다. 다른 과목과 달리 이해도, 응용도 되지 않는 암호 같았다. 두 번 이상 지문을 천천히 읽어야 어떤 내용인지 겨우 이해가 되는데, 늘 시험 시간은 짧았다. 빽빽한 영어 지문을 보면 마음은 불안했고, 검은 영어 글자들은 춤을 추는 것 같았다. 공부 좀 한다고 자부하던 나에게 영어는 몹쓸 과목이었다. 수능 날이 아직도 기억난다. 영어 지문을 보면서 숨쉬기도 힘들었던 기억, 영어에서 죽을 쑤고 수능을 망쳤다. 대학에서 교양 영어는 D를 받고 겨우 패스했다. 더 이상 내 인생에 영어는 관련 없을 줄 알았다. 그런데 30년 이상 영어 공부를 하고 있고, 20년 이상 영어를 가르치고 있다. 인생이 참 아이러니하다.

  27살, 처음 도전한 해외여행. 인터넷도 핸드폰도 없던 90년
대 초 배낭여행은 몸으로 부딪치는 여행이었다. 여행을 위한
단순한 영어를 조금 익혔지만, 실제 부딪치는 세상에서 입이
열리지 않았다. 하지만 신기했다. 세계의 누구와도 영어로 소
통이 가능한 세상이 있었다. 국적이 다른 다양한 사람이 하나
의 언어로 대화할 수 있다는 사실이 가슴을 설레게 했다. 한국
에 돌아가면 꼭 영어 공부를 해야겠다고 마음먹었다.

  시험 목적이 아닌 영어 공부를 시작했다. 기초도 없어서 파
닉스, 초등학생 기본영어, 중학생 문법 영어 등 단계별로 50
개 이상의 카세트테이프 받아쓰기를 몇 년간 했다. 틀린 곳을
체크해서 어느 부분이 틀렸는지, 왜 들리지 않았는지를 분석
하고 다음에 받아쓸 때는 그 부분을 재확인했다. 내 목소리로
녹음해서 원어민의 발음과 비교해서 들어보고 이상하면 다시
녹음해서 통째로 내용을 외우다시피 했다. 그렇게 몇 년간을
공부하며 실력에 물이 올랐을 때 초등학교에 영어 교과목이
갑자기 들어오게 되었다. 당시 영어를 가르칠 수 있는 선생님
이 거의 없었고, 나는 준비된 교사였다. 영어를 가르칠 수 있

는 교사로 인정받게 되면서 주변의 관심과 부러움을 받게 되었다. 남들이 보는 앞에서 영어 회화를 하면 자존감이 높아지는 것 같았다. 그 후로도 치열하게 공부해서 미국 유학까지 다녀왔으니. 얼마나 좋았으면 그리 열심히 달렸을까.

영어 발음, 차이를 모르면 들리지 않아요

영어 공부 시작을 받아쓰기와 녹음 위주로 해서 내 발음이 이상하다고 생각해보지 않았다. 외국인들도 나의 발음이나 억양이 자연스럽다고 해서 그런 줄 알았다. 인도식 또는 필리핀식 영어 발음이 있는 것처럼, 한국식 영어 발음을 부끄러워하지 않아도 된다고 생각했다. 정확성만 신경 쓰다 보면 입을 열지 못해 유창성을 저해한다는 학설도 있었다. 영어로 더 많이 소통하는 것이 발음 공부하는 것보다 실력 향상에 도움이 된다고 믿었고, 영어 단어 한 개, 한 개 발음을 일일이 체크하는 것이 소모적이라 귀찮기도 했다. 그냥 익숙한 습관에 의지해 들리는 대로 따라 발음했다.

그러던 어느 날, 오랜만에 3학년 알파벳과 파닉스를 가르치며 '내 발음이 정말로 정확한가?' 하는 의심이 들었다. 원어민 발음 그대로 따라 녹음해 들어보면, 뭔가 이상하고 다른데 왜 그런 차이가 나는지, 어디서 문제가 오는 것인지 알 수 없었다. 그래서 유튜브 영어 발음 강좌를 찾아서 듣던 중, 실시간 온라인 강의를 발견하고 수강 신청을 했다. 매주 1회 3시간, 실시간 강의에 참여하고 주 1회 주어진 텍스트를 녹음해서 보내면 피드백이 오는 발음 코칭 강의였다.

내가 영어 선생님이며 미국 유학까지 다녀왔다는 사실을 숨기고 싶을 만큼, 피드백은 처참했다. 처음 3달 정도는 A가 문제라고 해서 A를 고치면 B가 문제고, B를 고치면 또다시 A와 C가 문제였다. 나의 혀와 입술에 고착되어 있던 습관은 잘 고쳐지지 않았다. 하루에 2시간 이상 듣고 연습하고 녹음해서 과제를 제출하면, 강사는 원어민 발음과 내 발음을 동시에 들려주면서 무엇이 문제인지 집어 주었다.

'아! 나는 잘 듣지 않았구나! 차이를 모르면 들리지 않는구나!'

나는 한국식 발음과 가장 가까운 발음으로 영어를 말하고 있었다. 강사가 지적하고 나면 문제가 보이고 들렸다.

발음 코칭을 받은 지 10개월쯤 되니, 어느 정도 정확한 발음에 익숙해진 것 같고 강사도 'perfect'이라는 피드백을 보내며 칭찬하기 시작했다. 그러자 자만했을까? 얼마 못 가 처음에 받았던 지적을 다시 받기 시작했다. 일 년 동안 받았던 발음 피드백을 보면 아주 느리게 나아졌다가 되돌아가기도 하고, 늘지 않는 것 같더니 어느새 나아지기도 하는 지루한 길이었다. 전혀 쓰지 않던 입술 주변 근육을 사용해야 하는데, 일상에서 영어를 자주 사용하지 않아서인지 여전히 익숙해지지 않는다. 어쩌면 영어 공부를 하는 내내 의식하지 않으면 원래 하던 예전 발음으로 치환될 것 같다.

영어는 공부이자 '삶'입니다

일상도 마찬가지가 아닐까? 상대의 이야기는 귀 기울여 듣지 않고 하고, 싶은 이야기만 생각하고 있는 나를 발견하곤 한다. 신랑이 무슨 말을 할지 예측이 되면 중간에 낚아채서 대신 말하고, 하고 싶은 말이 생기면 식구들 이야기 중간에 불쑥 끊기도 한다. 아이들은 종종 이렇게 말한다.

"엄마, 제발!!! 아빠 말 끝날 때까지 기다려 주라. 아빠 말 좀 들어보자."

"엄마, 내 이야기 안 끝났어!"

말 많고 잘 듣지 않는 나의 습관은 교사 생활에도 마찬가지이다. 혼자 떠드는 교사의 고질병, 잘 듣게 하려고만 했다. 바쁘다는 핑계로 아이들 한 명, 한 명의 이야기에 관심을 주지 못했다. 어떤 모임은 각자 자기 이야기를 쏟아 내지만, 아무도 귀 기울이지 않아서 말풍선만 공허하게 오가는 것 같다. 그 속에서 나도 내 말만 쏟아 내고 있다.

박노해의 「내가 좋아하는 것들」이라는 시에 이런 구절이 있다.

나는 사람들을 좋아한다
그래서 혼자 있기를 좋아한다

나는 말하기를 좋아한다
그래서 깊은 침묵을 좋아한다
…
나는 밝은 햇살을 좋아한다
그래서 어둠에 잠긴 사유를 좋아한다
…

나는 용기 있게 나서는 걸 좋아한다
그래서 떨림과 삼가함을 좋아한다

나는 나 자신을 좋아한다
그래서 나를 바쳐 너를 사랑하기를 좋아한다.

박노해의 시구절처럼, 편안함과 익숙함과는 정 반대에 대치
된 어려운 실천을 해야만 진정 좋은 습관을 지닐 수 있는 모
양이다.

여전히 빽빽하고 긴 영어 지문을 빨리 읽어야 하면 힘들고,
속도가 빠른 영어 대화는 나를 긴장시킨다. 그러니 앞으로도
영어 울렁증은 없어지지 않을 것 같다. 그래도 이제는 시험 칠
일이 없으니, 힘들면 천천히 읽거나 두 번 읽으면 된다. 원어
민에게 다시 말해 달라고 할 용기는 생겼으니 조금 낫다. 영어
는 공부이면서 삶이기도 했다. 영어 발음 차이를 구분할 수 있
는 귀가 열려야 들을 수 있고, 하고 싶은 표현을 정확하게 말
할 수 있듯이 일상의 대화도 박노해의 시처럼 더 침묵하고 사
유하고 삼가야 타인이 말하려는 문맥과 의도를 잘 들을 수 있

다. 그러면 비로소 나의 말을 온전히 전달할 수 있다. 말이 하고 싶어 입이 근질근질한 순간, 박노해의 시구절을 떠올려보자. 잠시 침묵하고 상대의 말을 기다리자. 어려운 길이다. 하지만 걷고 싶은 길이다.

영어 수업 기본기, 뼈대 세우기

IIIIIIIIIIIIIIIIIIIIIIIIIIIIIIIIIIIIIIIIIIIIIIII

나의 수업에 대한 고민을 시작하다

「나의 해방일지」라는 드라마에는 '해방클럽 동아리'가 있다.
동아리의 규칙은 다음과 같다.

1. 행복한 척하지 않기

2. 불행한 척하지 않기

3. 정직하게 바라보기

4. 멤버가 이야기할 때, 자신의 의견이나 평가를 보태지 않고 있는 그대로 들어주기

나의 수업에도 이를 적용해 보면 어떨까.

1. 나 홀로 삭히면서 행복한 척하지 않기

2. 나만 불행한 척하지 않기

3. 나의 수업을 정직하게 바라보기

4. 동료의 피드백을 그대로 들어주고 성찰하며 조금씩 성
장하는 교사 되기

34년간 교직에 있으면서, 20년 이상 주로 영어를 지도했다.
모든 교과 중에서 '부익부 빈익빈을 제일 잘 보여주는 것이 영
어가 아닐까?' 하는 생각이 든다. 초등학교 5학년이 되면 '영
포자'가 생긴다. 이들은 영어 사교육을 받지 못한 아이일 가능
성이 크다. 외국을 자유롭게 다니며 어학연수를 받는 아이들,
고액 영어 과외를 받거나 학원에 다니는 친구들에 비해 학교
수업만으로 영어 교육을 접하는 아이들은 읽기, 쓰기가 많아
지는 5학년이 되면 주눅이 든다. 절대적으로 영어에 대한 노
출이 부족하고 학습량이 적은 아이들에게 영어는 정말 싫고
힘든 과목이다. 사춘기가 되면 자신의 이상한 발음을 친구들
앞에서 발표하기 싫다.

나의 영어 수업에 대한 가장 큰 어려움은 영어 실력이 뛰어
난 아이와 알파벳도 제대로 못 쓰는 아이를 함께 가르쳐야 하
는 현실이었다. 이들을 어떻게 가르쳐야 할까. 좋은 집을 지
으려면 기초와 기본 뼈대를 잘 세워야 하듯이, 수업의 기본을

만들고 싶었다. 외관만 좋은 집이 아니라 세월을 견딜 수 있는 튼튼한 영어 수업 뼈대를 세우고 싶었다. 오랜 시간 고민하고 연구하고 적용하며 지금까지 지키고 있는 원칙은 다음 세 가지다.

하나, 영어를 통해 타자와 만납니다

먼저, 언어는 혼자 독백으로는 익힐 수 없다. 서로 듣고 말하며 배운다. 해서 나의 영어 시간에는 모든 어린이가 함께 듣고 말하는 시간, 발표하는 시간을 가진다. 간단하고 단순한 표현을 즉흥 연기로 발표하면, 영어를 잘하는 아이와 못하는 아이들이 서로 도와서 연습한다. 단원의 마지막 시간, 배운 표현을 외워서 역할극으로 발표한다. "심장이 터지는 것 같았어요."라고 소감을 말하는 아이도 있고 연기와 표정으로 압도하는 아이들도 있다. 영어 실력뿐만 아니라 또 다른 재능이 있는 친구의 모습을 보며 느끼고 배우는 영어 시간은 내 수업의 가장 중요한 원칙이다.

일 년 수업을 되돌아보는 마지막 영어 시간, 아이들과 수업 소감을 나누었다. 그 반에서 제일 축구를 잘하던 경이는 운동장에서 살다시피 지내는 아이였다.

"저는 1년 동안 해님이와 한 번도 교실에서 이야기해 본 적이 없었는데, 역할극 활동을 하면서 말을 처음 해보았어요."

항상 교실에서 조용하던 여학생 해님이와 한 모둠이 되어 역할극을 해보니, 웃기고 말도 잘하더라는 것이다. 운동을 좋아하던 남학생과 책 읽기를 즐겨하던 여학생이 한 교실에서 같이 마주 보고 대화할 일이 없었는데, 역할극 활동을 통해 몇 주간 같이 활동한 것이 제일 기억에 남는다고 했다. 이렇게 영어를 통해서 타자와 만난다.

둘, 편안한 분위기를 만들어봅니다

다음으로 내가 중요하게 생각하는 것은 허용적이고 편안한 영어 수업 분위기다. 칠판에 오늘의 표현을 붙여 놓고 연습한 후, 아이들이 싫어하는 받아쓰기 시간에 이렇게 말한다.

"칠판에 답이 다 있으니까 보고 써도 돼요."

"보고 쓰면 안 되는 거 아니에요?"

"안 보고 쓰면 더 좋지만, 모르면 보고 써도 돼요. 단 빨리 찾아야 해요."

이렇게 받아쓰기를 하면 다들 집중해서 찾아 쓴다. 잘하는 아이들도 혹시나 하는 마음에 다시 자기 답을 확인하고, 힘든 아이는 찾아서 보고 쓰는 동안 듣기/읽기/쓰기를 동시에 연습할 수 있다. 이 받아쓰기 활동을 조금 더 재미있고 도전적으로 만들기 위해, 교과서의 성우가 또박또박 들려주는 발음이 아닌, 영미 드라마나 애니메이션에 나오는 표현도 사용한다. 우리가 수업 시간이 배운 표현을 어떻게 사용하는지 직접 배울 수 있고 그들의 발음이 너무 빨라서 잘 안 들리는 것도 느낄 수 있다. 언어 학습에 있어서 오류와 실수는 자연스러운 과정이다. 발음이 좀 이상해도 영어 스펠링이 틀려도 괜찮아야 언어를 배울 수 있다. 모국어도 그렇게 틀려가며 익혔다. 하물며 제2언어는 완벽하게 구사할 수 없다. 틀린 아이가 부끄럽지 않도록 선생님이 옆에서 도와주고, 격려하고 응원하면, 아이들은 용기 내고 도전한다.

셋, 가능하면 단순하고 명료하게 꾸려봅니다

끝으로, 영어 수업의 구조를 단순하고 명료하게 한다. 수업이 복잡할수록 재미있을 것 같지만, 반대로 준비는 힘들고 수업은 어수선하고 아이들은 집중하기 어렵다. 영어 수업의 흐름은 목표 언어를 만나고, 연습하고, 이를 적용 및 내면화하는 3~4단계로 이루어져 있다. 단원의 구조는 먼저 단어에 집중하고, 완전히 단어를 익히면 표현으로, 대화로, 역할극으로 이어지게 한다. 이 수업들이 모여서 일 년간 서로 짜임새 있게 연계될 수 있도록 고민한다. 이 연구는 프로젝트 수업으로 다양하게 변주된다.

예를 들어, 'I'm going to' 표현을 배우는 단원을 아래 그림처럼 설계해 보았다.

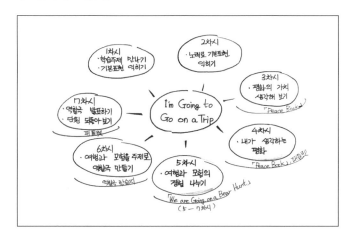

먼저 집중해야 할 단어와 표현을 익히고 『The Peace Book』을 활용하여 우리 일상에서 평화를 찾아보았다. 'I'm going to a concert(현재 진행형).'와 'I'm going to go to a concert(미래형).' 표현은 비슷한데 뜻이 달라지니 헷갈린다. 현재 진행형과 미래형을 섞어 말하는 오류가 많아서, 다양한 방법으로 듣고 말하기 연습을 했다. 『The Peace Book』 책의 문장을 'I'm going to' 미래형 표현으로 바꾸면서 평화란 무엇인가 생각하며 표현도 익혔다. '평화는 낮잠을 자는 거야(Peace is taking a nap).', '평화는 별을 보며 소원을 비는 거야(Peace is wishing on a star).'란 표현에서 아이들의 생각도 깊어졌다. 영어 표현을 익히는 활동을 넘어 일상의 소중함과 평화를 찾아보는 시간이 되길 바라며 수업을 설계했다.

모든 활동이 계획대로 되지 않는다. 영어 수준이 높은 학구에서는 『We're Going on a Bear Hunt』 책도 활용하여 여행과 모험의 역할극까지 발표할 수 있었지만, 영어를 어려워하는 학구에서는 4차시의 수업 분량으로 더 깊게 활동하였다. 평화 책 읽기 활동을 하면서 각 페이지를 몸으로 표현해 보기도 하고, 자신의 평화 문장도 아래와 같이 써 보았다. 코로나가 한창이던 시절 '평화는 마스크를 쓰는 거야.'라는 표현이 마음 아픈 기억으로 남아있다.

기본부터, 내 본성에 맞는 나만의 수업을 찾아가는 길

『살아온 기적 살아갈 기적』의 작가 김영희에게 가장 '힘이 된 말' 또는 '삶을 바꾼 말'은 어머니가 해준 말이었다. 어린 조카 가 다쳐서 동생 부부가 당황하고 분주할 때 어머니는 차분하 게 "그렇게 야단법석 떨지 마라. 애들은 뼈만 추리면 산다."라 고 말했다. 이 문장에서 작가는 다음과 같은 생각을 더한다.

'아무리 운명이 뒤통수를 쳐서 살을 다 깎아 먹고 뼈만 남는다 해도 울지마라. 기본만 있으면 다시 일어날 수 있

다. 살이 아프다고 징징거리는 시간에 차라리 뼈나 제대
로 추려라. 그게 살길이다.'

수업도 김영희의 말처럼 인생과 다르지 않다. 완벽한 영어
수업이란 없다. 수업을 마치고 나서 내 마음이 즐거운 날이 있
고, 무거운 날이 있다. 그럴수록 내 수업의 뼈대가 제대로 서
있는지 돌아보는 시간을 가져본다. 나의 수업 뼈대를 제대로
세운 것인지, 나의 고집이 아닌지, 이 수업이 잘된 것인지 어
디가 막혔는지 고민한다. 물론 혼자서 모두를 해결하기는 어
렵다. 그래서 서로의 수업을 보고 피드백해 줄 수 있는 수업
나눔이 필요하다. '아. 나만 힘든 게 아니구나. 다들 비슷한 고
민을 하고 있구나.'를 느끼며 서로의 부족함을 채워주고 함께
배우며 아주 조금씩 나아간다.

교사가 흔들리지 않고 교실에서 일어나는 여러 가지 힘든 상
황과 어려움을 견딜 수 있게 하는 힘, 그리고 계속 수업을 연구
하고 적용하고 성찰하게 하는 힘은 수업의 기초 뼈대이다. 영
어 수업의 기초 뼈대이지만, 타 교과에도, 일상에도 이 원칙을
적용해본다. 내 말이 일방적인가? 아니면 소통하는 대화인가.
소외를 당하는 사람이 주변에 없나. 내 말의 논리가 단순하고

명료한가. 교사가 먼저 집중해야 하는 것은 기본 구조 위에서 기둥과 벽을 이으며 조금씩 집을 완성해 가는 것이다. 내 수업에 대해 '척'하지 않고, 정직하게 바라보고 기본부터 세워보는 길, 내 본성에 맞는 나만의 아름다운 수업을 찾아가는 길이다.

아들아, 지금이 내일이야

||||||||||||||||||||||||||||||||||||||

지금이 내일이야?

아들이 어릴 때 한창 내일에 대해서 궁금해했던 적이 있다. 틈만 나면 이렇게 물었다.

"엄마, 내일이 언제야?"

잠자리에 들기 전에 또다시 확인하듯이 물었다.

"엄마, 내일이 언제야?"

아들의 등을 토닥이며 이렇게 대답해 주곤 했다.

"오늘 밤 코 자고 일어나면 내일이야."

다음 날 아침이면 어김없이 아들은 눈을 비비며 확인하듯이 물었다.

"엄마, 지금이 내일이야?"

아들에게 내일은 정말 풀리지 않는 시간이었다. 내일이 너무 너무 궁금한데, 언제나 자고 일어나면 또 오늘이라고 하니. 내일과 미래라는 개념은 유치원 꼬마에게 신기하고 어려웠다.

　우린 내일이란 시간에 존재할 수 없으며, 현재의 삶만 마주하며 살아간다. 그런데도 늘 내일을 기약하며 노력하고 고생을 아끼지 않는다. 평생을 부지런히 절약하며 살아온 우리 엄마. 신혼여행에서 돌아온 나를 보고 이렇게 말씀하셨다.

"남보다 한 시간 일찍 일어나고, 한 시간 늦게 자라."

　엄마는 평생을 그리 살았다. 그렇게 살아온 엄마가 시집간 딸에게 마음을 담아 전한 '남보다 한 시간 일찍 일어나고, 한 시간 늦게 자라.'는 말은 여자가 직장 생활하며 가정도 꾸리려면 더 부지런히 살아야 한다는 당부의 말씀이었다. 엄마의 말처럼 열심히 살았다. 아이 엄마가 되었어도 아침 일찍 일어나 영어 학원에 다니고, 틈만 나면 영어 공부를 했다. 아이들이 잠들면 한 시간 이상 영어 공부하고 잠자리에 들었다. 꾸준히 10년 이상을 공부해서 국비 지원 유학길에 올랐다.

　그런데 엄마와 나는 행복했을까? 열심히 빠르게 살던 나는 10년 이상 아팠고, 80살을 훌쩍 넘은 엄마는 가슴에 쌓아둔 응어리로 힘들어하신다. 며칠 여행도 다녀오고, 엄마가 하고 싶은 대로 살아 보라고 하면 엄마는 울먹이며 이렇게 대답하셨다.

"내는 평생을 이래 살아서… 잘 안된다. 니는 그리 살지 마라."

늘 가족을 우선으로 하고, 남편을 받들며 살라고 당부하던 엄마가 이제 나보고 그리 살지 말라고 한다.

천 개의 오솔길, 천 개의 건강법, 천 개의 숨겨진 삶의 섬

이오덕은 『어머니들에게 드리는 글』에서 일류대학에 가지 못하면 사람 축에 못 든다고 훈시하는 교장, 시험문제 풀이 수업에 열 올리는 교사, 점수 따기 경쟁장에 자식을 내모는 부모들이 성적순이라는 올가미로 아이들을 죽이고 있다고 말한다. 미래를 위해 현재를 저당 잡힌 아이들은 학교, 학원, 집을 맴돌며 지낸다. 길을 걸을 때 작은 핸드폰 화면에 코를 박고 고개도 들지 않는다.

과연 공부의 목적이 좋은 대학 진학하고, 돈 많이 버는 직장 생활하며, 멋진 집에서 살고, 맛있는 거 먹고, 자랑하며 사는 것일까. 남과 비교하며 조금 더 갖기를 원하는 삶은 자신이 가진 장점이나 긍정성을 보지 못하게 한다. 늘 초라함을 느끼며 갈증만 난다. 스스로 만족할 수 없는 불행한 인생이다. 니체의

『차라투스트라는 이렇게 말했다』에서 '인식하는 인간, 앎으로 정화하는 인간'에 대해 이렇게 표현한다.

'아직 발길이 닿지 않은 천 개의 오솔길이 있으며, 천 개의 건강법과 천 개의 숨겨진 삶의 섬이 있다. 아직 발견되지 않은 채 무궁무진하게 남아있는 것이 인간이며 인간의 대지다.'

니체의 말은 '인간의 삶과 공부는 상상도 못 할 만큼 다양한데, 오로지 평가라는 시스템 안에서 아이들을 가두고 있지 않은가?' 하고 생각해 보게 한다. 아이들의 숫자만큼 공부의 목적과 삶의 방향은 다 다르다. 미래에 저당 잡혀 치열한 경쟁 속에서 돈과 성공이라는 갈증만 나는 꿈을 좇는 대신, 천 개의 오솔길, 천 개의 숲, 천 개의 섬을 호기심 가득하고 즐거운 발걸음으로 걸으며 무궁무진한 삶의 꿈을 찾는 오늘이라면 아이들이 학교에 좀 더 가고 싶어 하지 않을까.

니체에 따르면 제자는 스승을 넘어가는 존재들이다. 그들은 스승과 헤어지고 떠나고 되돌아오기도 하며 자기 자신을 찾아간다. 학교의 선생만이 스승은 아닐 것이다. 부모도, 벗도, 책도 또 다른 사건과 인연들도 스승이 될 수 있다. 그러므로 아이들이 제일 많은 시간을 보내는 오늘 현재 학교에서 미래를 저당 잡힌 채 살게 해선 안 된다. 스승을 만나고 꿈을 키우며 배움을 이어가야 한다.

오늘에 집중하는 삶

내일이라는 시간에 대해서 그렇게 궁금해하던 어린 아들이 하루는 자동차 문에 검지가 끼여서 손가락에서 피가 많이 흘렀다. 너무 놀라서 당황하고 있는데 아들은 검지를 빳빳이 치들고 울면서 물었다.

"엄마, 이제 나 죽어?"

아들의 엉뚱하면서도 진지한 질문에 순간 웃음이 나왔다. 한 달여 뒤 아들의 집게손가락 손톱이 새까맣게 변하면서 그 손톱이 죽었다. 그리고 새살과 새 손톱이 자라났다.

어린 아들에게 내일, 미래 그리고 죽음이란 신기하면서도 누구도 알 수 없는 두려움이었을 것이다. 하지만, 미래에 저당 잡혀 남과 비교하며 살 순 없다. 엄마도, 나도 오늘을 즐기며 살아가야 하지 않을까. 이제 적당히 게으르게 살아 보아보려 한다. 하고 싶은 일에 더 집중하고 할 수 없는 일들은 억지로 하지 않는다. 학교에서 만나는 아이들, 동료 교사 모두가 나의 스승이다. 이들과 나누는 말 한마디도 소중한 시간이다. 수업도, 일과도 이제 조금 천천히 해보자. 남보다 한 시간 일찍 자고, 한 시간 늦게 일어나도 괜찮다. 지금 내 삶이 내일이길 바라며 꼬마 아들에게 했던 말을 기억해 본다.

"아들아, 지금이 내일이야."

말의 온도

||||||||||||||

말에도 온도가 있어요

"누구냐 넌."

2004년 칸 국제 영화제 심사위원 대상작, 박찬욱 감독의 스릴러 느와르 영화, 「올드보이」에서 가장 유명한 대사다. 연일 쏟아지는 극찬에 영화를 보았다. 시뻘건 피가 낭자한 복수극에 머리가 멍했다.

술과 떠들기를 좋아하는 오대수(최민식)는 '오늘만 대충 수습하며' 산다. 그는 어느 날 밤, 영문도 모른 채 납치되어 8평의 싸구려 여관 같은 곳에 감금되었다. 중국집 군만두와 텔레비

전만 있는 공간에서 감금된 지 1년이 지났을 무렵 아내의 살인 소식을 TV를 통해 보게 되고, 그 살인범으로 자신이 지목된다. 그렇게 그는 자살도 할 수 없는 곳에서 오로지 복수만을 꿈꾸며 버티다가 15년 만에 풀려난다.

오대수의 15년 인생을 앗아간, 이우진(유지태)이 제안한다. 가둔 이유를 5일 안에 밝혀내면 스스로 죽어주겠다는 것. 둘의 복수를 향한 숨 막히는 게임이 시작된다.

"당신은 그냥 잊어버렸어. 왜? 남의 일이니까."

사건의 발단은 오대수가 생각 없이 뱉었던 말. 새치 혀끝에서 시작되었다.

"오대수는요, 말이 너무 많아요…"

오대수가 자신의 혀를 잘라버린 마지막 장면이 잊히지 않는다.

『언어의 온도』에서 이기주 작가는 '당신의 언어 온도는 몇 도쯤 될까요?'라고 질문한다. 이어서 그는, '언어에도 온도가 있다. 용광로처럼 뜨거운 언어는 상대에게 정서적 화상을 입힐 수 있고, 얼음장같이 차가운 표현은 상대의 마음조차 꽁꽁 얼어붙게 하고, 온기 있는 언어는 슬픔을 감싸준다.'라고 말한다.

'이건 비밀인데…'라며 시작한 뒷담화는 이미 비밀이 아니다. 조롱하고 비난하는 말로 인기와 인정을 받으려던 오대수는 타인의 가슴에 대못을 박았다. 우리 또한 다르지 않다. 상대가 의미 없이 던진 말로 분노하며 잠을 이루지 못한 기억이나, 반대로 내가 생각 없이 뱉어 버린 말로 후회하며 지새운 밤도 있을 것이다. 나의 언어를 돌아보아야 할 이유다.

표정과 말투에도 온도가 있어요

미국 유학 파견을 마치고 복귀 후, 강의 요청이 종종 들어왔다. 그때 강의 내용만큼이나 말에 신경 썼다. 한 시간 강의하면 일주일 정도 자료 찾고, 10시간 이상 준비하고 리허설 해 보고 시나리오를 써서 외우고 연습했다. 강의를 시작하면 일사천리로 달렸다. 뿌듯한 마음으로 강단을 정리하던 어느 날 연수생이 다가와서 물었다.

"말하면서 숨은 쉬세요?"

강의 내내 나는 전문용어와 영어 표현까지 섞어가며 열심히 준비한 내용만 전달하기 바빴다. 연수생과 호흡을 맞추며 그들의 반응을 살피고, 생각하게 하고 질문하게 만들지 못했다. 그냥 나의 지식을 자랑했다.

수업 시간도 그러했을까. 그동안 나는 아이들의 행동을 세심히 들여다보려 했을까. 한 명, 한 명에 눈길을 주기보다 집단으로 대하진 않았을까. 따뜻한 온기 있는 말보다 엄격하고 단호하게만 말하지 않았을까?

"위험해요. 내려오세요."

글로 써 놓으니 부드러운데 교사 특유의 말투가 있다. 길을 걷다가 아이들의 위험한 행동이나 장난을 지나치지 못하고 말하면, 아이들이 행동을 딱 멈춘다. 그들은 '어 이거 학교에서 듣던 목소리인데?'와 같은 머뭇거리는 표정을 짓는다. 예전에는 목욕탕에서 물장난치는 아이들에게 잔소리한다는 선생님들도 있었다. 아이들이 다칠까 봐 걱정하는 마음을 전달하는 말에 다정한 온도가 실리게 하려면 표정과 말투도 부드러워져야 하는데, 선생님은 잘 웃지 않고 딱딱하게 명령하는 말투로 대해야 카리스마가 있다고 생각한다. 그렇지 않으면 아이들에게 휘둘릴까, 선생님을 쉽게 볼까, 학급에 사건 사고가 끊이지 않을까 걱정되기 때문이다.

어느 날, 노년 교사의 수업사례 발표를 들었다. 얼마나 긴장했는지 떨림이 마이크를 통해서 느껴졌다. 말도 더듬거려서 듣고 있기 갑갑했다. 하지만, 시간이 지날수록 진심을 담은 그의 솔직한 경험은 그 자리에 있는 모든 사람을 울게 했다. 그녀는 아침이면 거울을 보고 웃는 얼굴을 먼저 연습한다고 했다. 얼굴에 경련이 일어날 정도로 하루 종일 웃는 모습을 유지하려고 애쓴다는 그녀의 얼굴에는 미소가 떠나지 않았다.

수학 시간, 선생님이 칠판에 게시한 문제를 아이들 스스로 풀고, 먼저 해결한 친구는 문제를 풀지 못하는 아이들에게 풀이 과정을 설명하고 이해시켜야 한다. 그런데 선생님의 수학 문제는 남달랐다. 아이들의 오류가 잦은 문제, 개념과 규칙을 발견해야 하는 질문이 다수였다.

선생님은 문제만 제시하고, 수업 시간에는 교실 뒤에서 웃기만 한다고 했다. 아이들을 믿고 기다리며, 물꼬를 틀 수 있도록 중간 질문만 던졌다. 수업 시간에 말을 제일 덜 하는 사람이 선생님이었다.

"선생님은 우리가 틀려도 웃어 주세요."

아이들의 수업 피드백이다. 수학 부진 학생을 매일 아침 따로 지도하며 느꼈던 고민과 그들 가정의 아픔을 전하던 선생님은 목이 메어 말을 잇지 못했고, 끝내 모두를 울게 했다. 그녀의 느린 말에는 온전히 자기의 삶을 전달하는 힘이 있었다.

진실한 말, 선한 말, 참으로 아는 말

나의 딱딱하고 굳은 표정을 노년 교사처럼 온화한 모습으로 바꾸어 보려고 웃는 연습을 정말 많이 했다. 얼굴이 보이는 곳마다 탁상 거울을 놓았다. 컴퓨터 작업을 하다가도 인상 쓰며 일하지 않는지 확인하곤 했다. 조금씩 나아지긴 했지만, 무심한 순간은 나도 모르게 경직되어 있었다. 그런데 내 표정을 완전히 바꾸게 된 계기가 있다. 교문에서 아침 맞이 인사를 하면서다. 학교에 갓 입학한 1학년 아이들의 등교를 도와주기 위해 시작했다. 처음에는 2~3개월만 봉사하고 그만하려 했었는데, 길어지면서 비가 오는 날도, 춥고 더운 날도 늘 아침에 서서 거의 3년간 매일 교문 앞에서 아이들을 맞았다.

"안녕하세요? 어서 오세요." 환하게 웃으며 내가 먼저 인사했다. 아이들 표정도 살피며 안부도 묻고, 무거운 가방도 들어주곤 했다. 표정이 안 좋은 아이들이 걱정되어 더 따뜻하게 말을 걸기도 했다.

"선생님 안녕하세요? 나중에 수업 시간에 봐요." 인사로 답하는 아이들. 친구들과 재잘대며 아침에 학교로 오는 아이들 한 명, 한 명과 나누는 따뜻한 말과 인사는 마치 행복 적금을 쌓는 것 같았다. 아이들에게 관심을 주고 눈을 맞추며 인사를 한 횟수가 늘어날수록 수업 시간에도 긍정적인 영향을 미쳤다. 만나면 더 반갑고 관계도 부드러워졌다. 수업 시간에 갈등이 생겨도 아이들은 교사의 말을 잘 따랐다. 무엇보다 웃는 표정을 기본으로 가질 수 있게 되었다.

노자의 『도덕경』 81장에 성인(聖人)의 말에 대한 다음과 같은 구절이 있다.

'믿음직한 말은 아름답지 않고(信言不美),
아름다운 말은 믿음직하지 않다(美言不信).

선한 자는 말을 잘하지 못하고(善者不辯),
말을 잘하는 자는 선하지 못하다(辯者不善).

지혜로운 자는 해박하지 않고(知者不博),
해박한 자는 지혜롭지 못하다(博者不知).'

장치청, 『도덕경 완전해석』,
「제 81장, 믿음직한 말은 아름답지 않다」 중에서

『도덕경 완전해석』81장처럼 진실한 말, 선한 말, 참으로 아는 말은 꾸미고 포장해서 할 수 없다. 스피치 연수와 상담 기법 연수를 들어가며 말을 연습했지만, 내 삶이 아닌 말은 공허했다. 남 듣기 좋은 말이 아닌 진실한 말, 상대에게 상처를 주지 않는 선한 말, 그리고 성찰을 갖춘 깊이 있는 말을 하고 싶다. 오늘만 대충 수습하며 사는 올드보이 오대수가 될 순 없다.

자신의 삶을 수학 수업으로 전했던 노 교사의 느린 말이 좋았다. 남의 말을 베끼고 외우지 않아도 된다. 그녀의 수학 시간처럼, 온전한 내 수업 이야기를 하자. 덮고 감추지 않아야 솔직한 내 언어가 나온다. 따뜻한 표정과 부드러운 말투, 웃는 표정까지 더하면 좋겠다. 자신에 대한 이해가 타인에 대한 공감의 언어로 나아갈 수 있게 한다. 온기 있는 언어, 훈훈한 말이 오고 가는 학교와 사회가 되길….

버티는 거야

||||||||||||||||||||

경황없이 마주한 나이

우리는 준비 없이 온다—

욕망은 준비 없이 움직이므로.

시작이 그러했듯이

평생의 일들도 한 번도

제대로 준비된 적이 없다.

물론 또한

경황없이 떠날 것이다.

정현종, 『그림자에 불타다』, 「준비」

우린 아무 준비 없이 인생을 시작했다. 정현종의 시처럼 교사 생활도, 나이 듦도 경황없이 마주하고 있다.

"보수적, 느림, 빈약함, 무배려, 폐쇄적, 수동적, 소외, 권위적, 탐욕스러운, 우울, 무기력, 고집, 고립, 쓸쓸함, 외로운, 병든, 보조 지팡이, 틀니, 노충 …"

「EBS 다큐프라임 100세 쇼크」에서 나온 노인을 연상하는 표현이다. 이런 부정적인 선입견 때문일까. 교육 현장에 노년의 교사가 점점 사라지고 있다. 승진해서 관리자가 되지 않는 이상, 담임선생님으로 50대를 맞이하면 명예퇴직을 고민한다. 정년까지 교단에서 아이들을 가르치는 명예로운 길을 걷기 힘들다.

60살 정도 된 2학년 담임선생님이 학습 준비물로 크레파스보다 비싸지만, 손에 묻지 않고 색감도 좋은 파스넷을 보여주며 말했다.
"이거 있는 어린이는 미술 시간에 가져오세요."
파스넷이 갖고 싶었던 2학년 여자 어린이는 다음날 학교에 가지 않고 버텼다.

"선생님이 파스넷 가지고 오라고 했단 말이야!!!"

값비싼 파스넷을 사 줄 형편이 안되는 아버지는 딸내미의 생떼에 아침부터 열 받았다. 담임선생님에게 전화하자마자 대뜸 소리부터 질렀다.

"내가 지금! 니년 목 따러 간다. 딱 기다려라!!"

담임선생님에게 자초지종을 물어보지도 않고, 그 비싼 학용품을 사 오라고 한 선생님 목을 베겠다고 하는 학부모. 당신 아들보다 더 젊은 학부모에게 당하는 모욕을 견딜 수 없었던 담임선생님은 그 해가 끝나기 전 명퇴하셨다.

배우 윤여정을 버티게 한 힘

노년의 나이에 접어들며, 조금은 우울한 기분일 때 윤여정의 인터뷰 영상을 보았다.

"인생은 버티는 거야!" 배우 윤여정이 말했다.

이혼 후, 비구니 엄마(윤여정의 말이다)는 두 아이를 키우기 위해서, 어떤 조연이나 단역도 마다치 않고 살기 위해 연기했다. 물불 안 가리고 생계형 배우로 살았던 당시를 이렇게 회상했다.

"배우는 돈이 없을 때 연기를 제일 잘해!"

그녀에게 어둡고 긴 시련의 터널이 없었다면 지금의 윤여정은 없었을 것이다. 나이 65살이 넘어서야 돈 걱정 없이 독립영화에 출연할 수 있었다. 영화 「미나리」도 그렇게 만난 작품이었다. 윤여정은 이 영화로 2021년 아카데미 여우조연상을 받았고, 70살이 넘어도 세계가 인정하는 배우로 활동하고 있다.

윤여정을 버티게 한 것은 비구니 엄마로 아이들을 키워야 하는 절박함, 연기에 대한 열정이었다. 타인이 뭐라 하든 꾸준히 살면, 세월이 쌓이면 오해와 추측은 사라지고 본질만 남게 된다. 인생의 고통과 실수와 반성을 유머로 말해 버릴 수 있는 그녀만의 솔직함, 당당함, 까칠함이 멋지다.

34년 교단생활을 버티게 한 힘

나의 34년간 교단생활을 버티게 한 힘은 무엇이었나? 직장이었으니 한 달 월급이 제일 큰 원동력이긴 했다. 하지만, 그 속에 즐겁고 행복한 무엇인가가 있었다.

먼저, 자존감이었다. 교육과정을 연구하고 자료를 준비하고 적용한 수업이 아이들과 호흡이 잘 맞을 때 자존감이 생겼다.

수업에 활용할 교육자료는 넘친다. 교과서 출판사에서 제공하는 자료, 유튜브, 인터넷 자료, 각종 교사 커뮤니티에서 공유되는 자료들. 하지만 이 자료를 참고하기 시작하면 그 자료들에 의존할 것 같아서 거의 보지 않았다. 교과서의 주제와 내용에 집중해서 직접 수업자료를 만들어 보려 했다. 내 수업 밥상을 남이 만든 국, 밥, 반찬으로 채우기 싫었다. 간단하고 소박한 밥상이라도 내가 준비하고 차려보려 노력했다. 세월이 10년 이상 되면서 나만의 수업자료가 쌓이고 노하우도 생겼다. 너무 쉽게 다 만들어져 제공되는 인스턴트에 익숙하면 나의 식탁을 차릴 수 없게 된다. 아이들은 안다. 선생님이 얼마나 열심히 수업을 준비해 오는지. 물론 다 성공적인 것은 아니지만 세월이 쌓이면서 수정 보완된다.

다음으로 내게 힘을 준 것은 아이들이다. 교실에서 소외되고 영어도 제일 못하는 아이들에게 마음이 갔다. 그들이 "선생님, 저 이거 잘 모르겠는데요. 다시 설명해 주세요. 도와주세요."라고 편안하게 말할 수 있는 수업 문화를 만들기 위해 노력한다. 수업을 마치면 항상 개인적으로 남아서 인사하고 가는 아이들이 있다. "선생님, 안녕히 계세요. 영어가 재미있어요. 선생님 수업이 좋아요. 고맙습니다. 다음 주에 만나요."

라고 살짝 속삭이고 가는 아이들로 나는 행복하다. 선생님이
자신을 도와주고 가르쳐주려고 애쓴다는 걸 아이들도 느끼고
아는 것 같다.

삶의 흔적을 온몸에 새기며 쌓은 인생

나이 든 교사의 지혜가 동료 선생님과 아이들에게 존경받고
학부모의 신뢰를 받아야 후배 교사들도 자신의 긍정적인 미
래를 그려 볼 수 있을 것이다. 아이들은 다양한 선생님을 만
나고 경험하면서 자신이 좋아하는 일을 찾는 기쁨과 때로는
힘듦도 가치 있는 것임을 배워간다. 나이 듦. 피할 수 없다.
나 역시 삶의 흔적을 온몸에 새기고 맞고 있다. 정현종의 시
처럼 준비 없이 와서 경황없이 떠날 인생에 켜켜이 쌓인 세월
속에 내가 있다.

온통 난잡한 루머와 선정적인 노래로 80년대 인기와 악평
을 동시에 받던 당대의 가수 마돈나는 이렇게 말했다. "오래
하면 된다." 그녀는 그녀만의 트렌드를 만들어 60살이 훌쩍
넘은 지금까지도 공연하고 노래 부르는 뮤지션으로 활동하
고 있다. '윤여정'도, '마돈나'도 그렇게 한 길을 걸을 수 있었
던 것은 아마 그 삶이 절실했고 의미 있었기 때문일 것이다.

세월이 자기 삶을 증명하고 보여준다. 비구니 엄마로 연기자 인생을 버틴 '윤여정'처럼 당당하게 살고 싶고, 타인의 평에 굴하지 않는 '마돈나'처럼 자신이 좋아하는 일을 오래 할 수 있으면 좋겠다.

아이들의 호기심 천국

||||||||||||||||||||||||||||||||

성장이 빠른 아이들, 더 궁금한 '성'

나의 학창 시절 '성'은 은밀한 것이었다. 여성의 생리는 언제쯤 시작하고 왜 생리를 하게 되는지, 생리대를 타인이 불쾌하지 않게 어떻게 깨끗하게 처리해야 하는지 중고등학교에서 배웠다. 여자는 몸가짐을 조심해야 하고 순결을 지켜야 한다고 성교육 받았다. '성'에 대한 궁금증과 호기심은 야한 잡지를 통해서 추측만 할 뿐 잘 알지 못했다. 성에 대한 관심을 가지는 것 자체가 탈선이고 죄를 짓는 것 같았다.

그런데 요즘 아이들은 일찍부터 '성'과 '포르노'를 인터넷이나 핸드폰을 통해 쉽게 접근할 수 있다. 그들에게 '성'은 호기심 천국이다. 성장이 빠른 아이들은 초등학교 2학년부터 몸의 변화를 만난다. 화산 폭발 실험에서 용암이 분출되어 흘러내리는 장면을 보고, 3학년 남자아이 초록이가 말했다.

"우와! 선생님, 정액 같아요."

!!!. 헉.

담임 선생님은 충격으로 말을 이을 수 없었다. 초록이의 '정액' 대답은 전설이 되었다.

전설의 초록이를 2년 뒤, 5학년 영어 시간에 다시 만났다. 초록이 반은 다른 반과 달리 '성'에 유난히 관심이 많았다. 인물을 묘사하는 표현을 배우는 단원에서 모둠별로 'Monster'를 그려서 배운 영어 표현을 적고 발표하기 활동을 했다. 해마다 하던 활동이라 어떤 의심도 없었다. 그런데 초록이 반에서 문제가 발생했다. 시작은 다른 반처럼 무난했는데, 완성할 즈음 모든 monster에 남녀의 성기를 셀 수도 없을 만큼, 찾기도 어려울 만큼 곳곳에 그려 넣었다. 마무리 색깔도 검정과 빨간색 위주로 거칠게 덧칠해서 도저히 발표할 수 없을 정도의 '포르노 몬스터'가 되어버렸다. 상담 선생님께 보여드렸고, 담임과도, 보건 선생님과도 이야기했다.

'성'에 눈 뜬 아이들, 보건 선생님 수난 시대

성교육 보건 수업이 시작되었다. 그런데, 아이들은 변죽만 두드리는 성교육이 맘에 들지 않았나 보다. 초록이 반의 또한 명의 다크호스, 창이. 나이 많은 할머니 보건 선생님을 떠보고 놀리기 시작했다. 창이는 보건실에 들러 이렇게 말했다.

"선생님 고추가 아파요."

"선생님은 비뇨기과까지 볼 수는 없는데…. 수업 마치고 엄마랑 병원에 가 봐."

"아, 고추가 아파요. 보건 선생님이시잖아요. 한번 봐주세요."

보건 수업마다 난장을 부리던 창이. 요 녀석에게 얄잡아 보이기 싫었던 선생님은 말했다.

"그래? 그럼, 네가 바지를 내려야 하는데?"

"한번 보세요."

창이가 바지와 속옷까지 쓱 내려버렸다. 황당하고 민망한 순간. 바지를 내릴 거라 상상도 못 했던 당황한 보건 선생님. 하는 수 없이 고추 끝이 발간 것을 보고 약을 발라주면서 "그래도 아프면 병원에 가보라."고 말하고 학부모와 상담을 시작했다.

다음날 보건 시간. 선생님이 교실을 들어서는 순간, 창이가 외쳤다.

"보건샘, 내 고추 봤다! 내 고추를 보건샘이 봤다!"

노래를 부르며 책상 위에 올라서서 엉덩이를 씰룩거린다. 보건 선생님의 수난 시대였다. 몸의 변화를 처음 겪는 아이들, 성장이 빠른 아이들은 자기 몸과 상대의 몸을 어떻게 대해야 할지 모른 채, 핸드폰이나 매체를 통해서 야릇한 성에 먼저 눈을 떴다. 아이들의 성적 호기심과 짓궂은 장난으로 고군분투 일 년을 겪었다.

6학년이 된 초록이를 행사가 있어서, 차에 태워 인솔했다. 5학년 때부터 초록이랑 함께 동아리 활동을 했는데 의외로 초록이는 담백했다. 운동을 좋아하는 장난꾸러기에 기발한 아이였고 솔직한 아이였다. 초록이랑 워낙 허물없이 지냈기에 은근슬쩍 물었다.

"초록아. 아직도 포르노 보니? 5학년 때 너희 반 많이 보는 것 같던데?"

"이젠 안 봐요. 철이 안 든 애들이나 보는 거죠."

창밖을 보며 아무렇지 않게 대답하는 초록이. 몸도 마음도 홀쩍 자란 것 같았다. 아이들은 부대끼며 성장하나 보다.

내 몸을 사랑하고 상대의 몸을 존중하는 습관은 어릴 때부터

성 관련 문제나 이슈로 교사가 당황스러운 순간도 있고 학교가 시끄러울 때도 있다. 요즘 학교는 '성 문제'에 특히 민감하다. 조금이라도 성희롱이나 추행으로 간주되면, 피해 학생과 가해 학생을 즉시 분리하고 가해 학생은 학교에 나오지 못하도록 한다. 그럼에도 장난꾸러기 남학생들은 수업 시간에 바나나 사진이 나오면 자기들끼리 눈짓을 보내며 손으로 자위행위를 묘사하고, 쉬는 시간에 몸 쌓기 놀이하며 성행위를 흉내 내기도 한다. 친구들 집에 모여서 야한 동영상을 같이 본다. 궁금하게 만들고 몸의 쾌락에 먼저 눈뜨게 하기보다 올바른 성교육, 몸에 대한 교육이 필요하다. 특히, 몸에 대한 교육은 어릴 때부터 해야 한다.

서현주는 『내 아이를 지키는 성인지 감수성 수업』에서 이제는 '성기 중심, 성관계 중심, 임신, 출산, 사춘기 중심의 교육에서 벗어나야 한다.'라고 말한다. 작가는 우리 모두 성적인 존재임을 인식해야 하며 생애주기별 몸과 마음의 변화를 알아차

리고, 건강한 관계를 맺어 행복한 삶으로 나아가는 성교육이
되어야 한다고 강조한다. '성인지 감수성 수업'을 통해 성적인
욕구는 자연스러운 것이나 남에게 불편을 주어서는 안 되며,
성에 대해 서툴러 실수한다면 주변의 믿을 수 있는 어른에게
도움을 요청해도 괜찮음을 배워야 한다.

　자기 몸을 사랑하고 상대의 몸을 존중하는 교육은 습관처럼
배어 있어야 한다. 하지만, 요즘 학교와 매체, 사회는 온통 보
여주는 몸과 외모에 집중하는 것 같다.
"피부가 하얗다. 얼굴이 작다."
　칭찬처럼 들리지만, 영어로 이 표현을 하면 상대방이 불쾌할
수 있다. 얼굴이 작다는 말은 뇌 용량이 적다는 표현으로 들
려서 '당신은 무식하다.'의 뉘앙스로 들릴 수 있기 때문이다.
한 번도 얼굴 크기에 신경 써 보지 않은 문화권에서 이 표현
은 불편하다. 피부색은 두말할 것 없이 인종차별에 대한 표현
이라 거의 금지어다.
　타인의 관심을 받기 위해 외모를 가꾸는 것 보다, 자기 일에
집중하고 열심히 사는 건강한 모습이 더 아름답다. 치마만다
응고지 이디치에는 『엄마는 페미니스트』에서 이렇게 제안한

다. 우리는 타인의 호감을 사기 위한 사람이 아니라 친절하고 용감한 사람, 충만한 사람이 되어야 한다. 또한, 다른 사람들도 자신과 동등한 인간임을 아는 정직한 사람이 되도록 가르쳐야 하며, 차이는 평범한 것이며 정상적인 것으로 가르쳐야 한다고 강조한다.

외모나 신체로 상대를 폄훼하거나 수치심을 느끼게 해서도 안 되고, 반대로 나도 보호받아야 한다. 특히, 성 문제를 은밀하고 부끄럽게 여겨 숨길수록 상처받은 아이들은 아프고, 학교는 곪고, 사회는 병든다. 부모는 아이 편에서 함께 돌을 맞을 수도 있고, 도와줄 수 있는 사람이다. 선생님도 마찬가지다. 우물 저 밑바닥에 '성교육'을 감추고 덮고, 보건 교사만 가르치는 것으로 외면하지 말기를. 건강한 관계의 기본에 '성교육'도 함께 있어야 함을 기억하자.

#Hashtag_해시태그

‖‖‖‖‖‖‖‖‖‖‖‖‖‖‖‖‖‖‖‖‖‖‖‖‖‖

#Women_여자

"아이고! 저 녀석, 장군감이네."

어린 남동생이 서서 오줌을 시원하게 누면 부모님이나 동네 어른들이 기특해하며 칭찬했다. 철부지 나는 그게 매우 부러웠던 모양이다. 하루는 평상 위에 올라가서 바지를 내리고 남동생처럼 서서 오줌을 쌌다.

"엄마, 이것 봐. 나도 서서…"

말도 채 끝나기 전에 엄마에게서 물 사례를 맞았다.

이 땅의 여자로 자라며 들었던 말.

'암탉이 울면 재수 없다.'

어른들은 잔소리 앞에 '어디서 여자가?'와 같은 경멸의 말을

붙여 언행과 태도를 문제 삼았다. 나의 성장기 시절, 양성평
등은 없었다.

#WithYou_함께하겠습니다

초등학교 5학년 시절, 남자 선생님들이 여학생들만 옥상에
모아 놓고 신체검사를 했다. 팬티만 입혀 놓고 킥킥거리며 손
가락으로 여학생들의 가슴에 키와 가슴둘레를 기록했다. 우
린 간지럽다고 온몸을 비틀었지만, 그때 가슴이 봉긋한 여학
생들도 꽤 있었다. 이 시기 담임은 개별 학생의 목표 점수를
정해 놓고, 그 점수를 받지 못하면 옷을 벗는 벌을 주었다. 윗
옷을 벗고 다음에는 바지를 벗고, 의자를 들고, 매질까지. 가
슴이 큰 여자아이가 윗옷을 다 벗고 엉엉 울던 모습은 충격이
었다. 끔찍한 벌을 당하지 않기 위해 우리는 시험을 볼 때마다
서로의 정답을 공유했다.

고등학교 때 버스에서 내 뒤에 서 있던 남자가 몸을 붙였다.
그 남자가 나의 엉덩이에 이상한 물건으로 찌르는 느낌이 들
었다. 그 당시 버스에 앉아 있는 어른들은 도와 달라는 나의
시선을 피했다. 그 행위가 무엇이었는지 성인이 되어서야 알

왔다.

대학생 때 어두운 골목을 걷는데, 갑자기 뒤에서 남자가 내 입을 막고 가슴을 누르며 겁탈하려 했다. 난 그 손목을 이빨로 물고 놓지 않았다. 성폭행범은 내 머리채를 잡고 흔들어 안경이 날아가고 신발도 벗겨졌다. 멀리서 자전거를 탄 아저씨가 큰소리를 지르며 다가왔고, 그놈은 도망갔다. 엉엉 울며 정신없이 집에 갔는데, 아버지는 비수를 날렸다.

"꼬라지 좋~다. 늦게 싸돌아다닐 때 알아봤다."

그 성폭행범만큼 아버지도 미웠다. 그 후 혼자 걷는 밤길이 싫다.

시외버스에서 옆에 앉았던 남자가 내 쪽으로 몸을 밀착시켰다. 겁이 나서 소리도 지르지도 못했고, 한껏 몸을 긴장해서 버텼다. 그 후 버스 탈 때 여자 옆에 앉거나 옆자리가 비어야 마음이 편하다.

어린 시절 동네 오빠가 몸 포개기 놀이를 하자고 했고, 수영장 가면 나의 몸을 쓱 훑고 지나가는 남학생도 있었다. 나만

겪었을까? 주변의 다른 여인들은 어떻게 자랐는지 궁금하다.

#MeToo_미투

'성 문제 제기' 자체가 금기시되었던 사회에서 별일 없는 것처럼 살았다. 회식 자리에 술잔이 돌면 야한 농담을 주고받기도 했다. 적당히 눈감고 모른 채 살다가, 여선생님을 희롱하고 추행하는 관리자를 만났다. 사적인 자리에서 둘만 있을 때 행해지는 가벼운 손동작이 수치심과 불쾌감을 주었다. 그러다가 끝날 줄 알았다.

그러던 어느 가을날, 대낮에 업무를 보며 둘만 있게 되었을 때, 그가 악수하자며 손을 내밀었다. 아무 생각 없이 잡는 순간, 내 손을 당겨 껴안으며 더러운 입술을 갖다 댔다. 진정한 사랑을 해보고 싶다고 했다. 미친. 곤혹감과 충격으로 그 순간 도망쳤다. 하지만, 참을 수가 없었다. 며칠 뒤 찾아가 부들부들 떨면서 따져 물었더니, 한 치의 망설임 없이 사과했다. 능글거리는 웃음을 지으며 하는 말에 진심도, 미안함도 느껴지지 않았다.

그 후 둘만의 비밀이 생긴 것처럼 그는 더 은근하게 행동했다. 나는 그 상황과 마주치기 싫어서 웬만하면 교실 밖으로 나가지 않았다. 급기야는 화장실, 급식실 가는 길도 불안하고 고통스러웠다. 출퇴근길은 점점 더 괴롭고 불면증으로 잠도 잘 수 없었다. 그래도 참고, 덮고, 입을 다물려고 했다.

우연이었을까? 모든 교사가 의무로 받는 성교육 연수에서 강사는 말했다.

"알려라."

강사는 입을 열고 알려야 한다고 계속 강조했다. 내 눈을 보며 말하는 듯했다. 다른 내용은 머리에 들어오지 않았다. 한마디만 가슴에 박혔다.

'알려야 한다.'

먼저 남편에게 말하고 가까운 동료에게 털어놓았다. 다른 피해자가 더 있는 것도 알게 되었다. 감당이 되지 않아 전교조 지부에 연락했다. 전교조 지부장과 인권위원장은 당장 병가를 내고 상담과 치료를 받으며 몸부터 추스르라고 당부했다. 성폭력 상담소장이 당신의 잘못이 아니라고 말했을 때 참았던 울음이 터졌다. 그렇게 얼마나 울었는지 모르겠다.

전교조에서 여러 방법을 알려주었다. 선택하고, 행동해야 했다. 피해자와 주변 증인의 진술서를 모았다. 일기장과 주고받은 문자가 중요한 증거가 되었다. 변호사도 만났다. 모든 자료를 감사관실에 제출하고 조사받았다. 관리자는 그해 겨울 해임되었다. 6개월 이상 걸렸다. 사건이 종료되어도 불면증과 불안은 사라지지 않았다. 우울증과 공황장애로 신경정신과를 다녔다.

#WontBeSilent_침묵하지 않겠습니다

미국의 여성 사회운동가 타라나 버크(Tarana Burke)는 2006년 미투운동을 시작했다. 그녀는 저소득층 흑인 노동자계급 가정에서 자라며, 유년기와 청소년기에 성폭행과 강간을 당했다. 여성 인권, 특히 자신처럼 고통받는 성폭력 피해 여성의 상처 회복을 위해 선택한 버크의 대답은 "Me, Too." 이 짧은 문장에 자신의 고통을 공개하는 용기와 타인의 상처에 공감하고 연대하겠다는 뜻이 그대로 담겨있다.

처음에는 익명으로 시작되었으나 정치인, 운동선수, 유명 스타 등이 자신의 상처와 피해를 SNS의 해시태그를 통해 공개하며 2017년 세상에 큰 반향을 일으켰다. 그들의 메시지는 '미투(Me Too), 더 이상 침묵하지 않겠다(Won't be Silent), 함께하겠다(With You)'였다. 그해, 미국 시사주간지 타임(TIME)에 올해의 인물로 선정된 버크는 이렇게 말했다.

"현실을 고발하고 폭력을 당한 사람들은 단순 '피해자(victim)'가 아닌 사회문제를 개선할 의지가 있는 '생존자(survivor)'입니다."

『그녀가 말했다』 책에 성폭행 피해자가 이런 말을 한다.

"제가 과거에 당신이 겪었던 일을 바꿀 수는 없지만, 우리가 당신의 경험을 통해 함께 다른 사람들을 보호할 수 있을지도 모릅니다."

고통스럽고 꺼내기 싫고, 부끄럽고 치욕적이기까지 한 경험을 묻고 덮고 넘어가면 또 다른 피해는 계속 이어진다. 세상을 향해 자신의 고통을 드러내는 용기, 힘겨운 선택이다.

'#WontBeSilent_침묵하지 않겠습니다.'

#GenderEquality_양성평등

'여자의 목소리가 담장 밖을 넘으면 안 된다.'

아버지는 늘 여자의 의무와 행동에 잔소리했다. 무섭게 딸을 대한 것도 여자에 대한 훈육이었다. 딸이 성폭력을 당할 뻔한 사건에도 다치지 않았는지, 아프지 않은지 염려의 말 한마디 해주지 않았다. 그저 밤늦게 다닌 딸을 나무랐다.

학교의 관리자가 여교사를 추행해도 "당신만 참으면 편하게 넘어간다. 일 키워 힘들게 하지 마라."고 조언하는 사람도 있었다. 특히, 권력 있는 사람들이 그랬다. 전교조 지부 선생님과 동료 교사는 자신의 수업과 바쁜 학교 일을 하면서도 사건을 해결하기 위해 지원하고 애쓰는데, 리더의 자리에 있는 사람들은 몸을 사렸다. 자신에게 말했다는 사실조차 비밀에 부치라고 당부했다. 앞장서서 문제를 해결하고 도와주어야 할 사람은 가해자 편이었다.

미투운동으로 감추고 싶은 고통을 용기 내어 말할 수 있는 세상이 되었다는 것은 긍정적이다. 물론 반대의 이야기도 공론화되고 토론장에 나와야 한다. 상처를 감추고 숨기기만 해서는 우리 사회는 아프다. 우리 사회는 지금 자신의 상처를 드러내도 공격받지 않고 비난받지 않는 안전한 사회, 용기를 낸 피해자들의 상처를 공감하고 포용할 수 있는 사회로 나아가기 위해 진통 중이다.

『라틴어 수업』의 저자 한동일이 소개한 라틴어 고전의 한 문장이 가슴에 와닿는다.

'강을 건너고 나면 배는 강에 두고 가야 한다.'

미투운동은 시퍼런 깊은 강을 용기 내어 건너기 위한 운동이다. 약자의 아픈 상처와 과거를 치유하고, 새로운 여정을 떠나기 위한 운동이다. 친한 벗에게조차 말하지 않았던, 꺼내기 싫은 묵혔던 나의 이야기가 가슴속에 고스란히 상처로 박혀있었다.

이제 편안하게 강을 건너고 싶다.

…

배를 두고 떠나고 싶다.

…

강을 건넜다.

…

#Hashtag_해시태그, #Women_여자, #WithYou_함께하겠습니다, #MeToo_미투, #WontBeSilent_침묵하지 않겠습니다, #GenderEquality_양성평등

내 템포대로

||||||||||||||||

속도전, 열심히 부지런히 빨리빨리

"내가 숨 쉬는 거 다음으로 많이 하는 게 이 시계를 보는 거더라고. 툭하면 시계를 봐. 시계만 보면서 계속 쫓기는 거야. 이거를 알아채는 데 50년이 걸렸다는 게 참."

「나의 해방일지」드라마의 만년 과장, 상민의 대사다. 그는 자신의 해방일지 이름을 '내 템포대로'라고 정하고 자신의 속도를 찾기 위해 노력한다.

나도 습관적으로 시계를 본다. 시간의 효율성을 따졌다. 초등학교 때 속독이 유행했다. 빨리 읽어야 하는 줄 알았다. 빠르게 읽는 습관이 들자 또박또박 읽기가 되지 않았다. 눈은 벌써 다른 문장으로 넘어가는데 입에서는 이전의 단어와 문장을

읽어야 하니. 고등학교 문학 시간,

"반장 부반장이 대표로 일어나서 읽어."

반장은 한 글자도 틀리지 않고 휘리릭 읽었는데, 부반장이던 나는 얼마나 더듬거렸는지. 아직도 그 시간을 떠올리면 부끄럽다.

나는 걸음도 빠르고 말도 빠르다. 밥 먹는 속도도 빨라서 제일 먼저 밥그릇을 비우고 숟가락을 놓는다. 일 처리 속도는 더 빠르다. 누군가 일을 천천히 하면 갑갑하다. 기다리지 못하고 내가 해치운다. 열심히 부지런히, 그리고 빨리빨리. 경쟁 시대에 살던 나는 그렇게 사는 것이 잘 사는 것이라 믿었다.

처음으로 느린 사람이 되어보니

빠르게 살던 나였는데, 미국 유학 시절 부진아가 되었다. 미국의 대학원 수업은 같이 읽은 책의 내용을 요약 발표하는 것이 아니라, 자유로운 토론으로 이루어졌다.

"그래서 당신의 생각이 뭡니까?"

교수가 물어보면 말문이 막혔다. 저명한 저자의 생각을 정리하고 흡수하는 것 외에, 내 생각이 없었다. 삶과 세상을 연결하며 다양한 관점에 비춰보고, 내 사유를 만들어가며 읽는 연습이 되어 있지 않았다. 강의를 들으며 중요한 내용을 적고 요약하기 습관에 익숙했던 나는 토론의 속도에 맞추어 분석하고 종합하며 내 의견을 말할 수 없었다. 자연히 교수와 눈 마주치기도 힘들고, 갑자기 내게 질문할까 봐 가슴이 두근거렸다. 난생처음 느린 사람이 되었다.

손우정 교수의 '단 한 명의 아이도 포기하지 않는다'라는 부제를 가진 『배움의 공동체』의 수업 철학은 '공공성, 민주성, 탁월성'이다. 간단하다. 이 세 가지 원칙을 풀어 보면 먼저 '공공성'은 학교와 교실은 공적인 공간이라는 것이다. 수업은 사적인 공간에서 비밀리에 이루어지는 것이 아니라 언제나 공개하는 것이라는 말과도 통한다. '민주성'은 관계이다. 교사와 학생과의 관계, 학생과 학생과의 관계에 우월이나 소외가 없는가를 돌아보게 한다. 민주주의를 경험해 본 적이 없는 교사가 이를 실천하기 어렵다. 권력과 위계가 있는 교실에서 실수와 느림은 부끄러움이 된다. 모르는 것을 당당하게 말할 수 있는 문화를 세우는 것이 민주성의 원칙이다. '탁월성'은 수업의 질이다. 나의 수업에 아이들의 생각을 도약시킬 수 있는 질문과

탐구가 있는가? 이 원칙은 묻고 있다.

이 세 가지 원칙은 단순하지만, 이렇게 가르치고 배운다면 미국 유학 시절의 토론 수업에 그리 당황하지는 않았을 것 같다. 교과도 많고, 생활교육과 안전교육, 보건과 급식지도 등 동시에 여러 가지 일을 처리해야 하는 초등학교 선생님은 늘 바쁘다. 하지만 수업만큼은 속도보다 단단한 원칙으로 집중해 보면 어떨까. 수업이 산만하게 느껴질 때 이 세 가지 원칙을 종종 내 수업에 비춰본다. 지금, 나는 이 수업을 공개할 수 있나? 이 시간에 소외된 아이는 없나? 나는 수업을 연구하고 고민하고 있나?

속도에서 깊이로, 가을과 겨울 맞기

『월든』의 작가 헨리 데이빗 소로는 1845년 월든 호숫가에서 2년 2개월 동안 소박하고 원시적인 삼림 생활을 하며 인습에 구애받지 않는 삶을 실험했다. 성공하려고 필사적으로 서두르며 무모하게 일을 추진하고 남과 보조를 맞추기 위해 사는 삶을 거부했다. 그는 숲속에서 홀로 지내며 인생의 본질을 직면하고, 자연에서 소중한 인생을 배웠다. 봄, 여름, 가을, 겨울 자연의 이치를 거슬러 인생이 늘 한여름인 것처럼 지내는 세상을 비판했다. 자연과 더불어 진실하고 자유로운 삶을 살아낸 그는 우리에게 이렇게 조언한다.

"간소하게 살라! 간소화하고 간소화하라."

약 180년 전, 소로는 무섭게 도시를 가르며 달리는 기차를 보고 세상의 속도와 인간의 잔인한 욕망에 목소리를 냈다. 그의 말이 현재 내 삶에도 그대로 울린다.

내가 씹지 않고 급하게 넘긴 음식은 소화되지 않았다. 체해서 토하는 바람에 응급실을 얼마나 들락거렸는지 모른다. 음식을 잘 씹어서 내 것으로 만들지 못하고 병을 만들었다. 마찬가지로 대충대충 빨리 읽은 책은 제목만 기억하고 얕은 지식으로 남았을 뿐, 책의 내용을 소화해 지혜로 남기지 못했다.

윌리엄 파워스는 '이게 바로 삶이야!'라고 느끼게 만드는 중요한 요소는 '속도'가 아니라 '깊이'라고 말한다. 내면의 목소리를 듣는 인생. '깊이'는 우리가 체험하는 삶의 단면들과 진정으로 연결되어 있을 때 느끼는 자각, 감정, 이해의 폭이다. 그가 쓴 책의 제목처럼 '속도에서 깊이로' 나아가야 한다. 간소한 밥상을 천천히 음미하며 먹고, 천천히 읽고 다시 읽으며 사고의 폭을 키우고, 다양한 시각으로 책을 읽어보려 한다.

50대 후반의 나이, 인생의 가을이다. 한여름처럼 달릴 수 없다. 성숙한 가을에 맞게 살아야 온전한 겨울을 맞을 수 있다.

가지 않는 시계, 나의 속도에 맞추기

EBS 한국 기행 「'오지' 않을 시간」은 첩첩산중 삼척의 외딴곳에 10년째 자연과 어울리는 집을 지으며 사는 72세 유덕준 할아버지의 삶을 다룬다. 그의 집은 추억의 물건들로 가득하다. 1950년대 달구지부터 80년대 전화기, 오래된 TV와 전축들. 그리고 가지 않는 시계.

"시계를 멈춰 놨는데, 세월은 가더라구."

가는 세월이 아쉬워서 시간을 멈춰 놓았다는 할아버지, 그는 시간에 구애받고 싶지 않다고 했다. 10년을 오지에서 혼자 살고 있다. 자연과 어울리며 사는 그는 행복해 보인다. 자신의 속도로 살고 있다.

『장자』의 「소요유(逍遙遊)」편에 '심능전물(心能轉物), 마음이 물질을 전변(詮辯)시킨다.'라는 문장이 있다. 마음이 바뀌어야 내 삶의 현실도 달라질 수 있다는 내용이다. 우리는 마음먹은 대로 보고, 행동한다. 작은 습관도 바꾸기 어렵다. 이 습관은 유전, 경험, 환경 등에 의해 내 몸에 배서 의식하기도 힘들다.

하지만 생각이 바뀌어야, 마음이 전변(詮辯)해야 내 행동도 삶도 변화할 수 있고 세상도 현실도 다르게 바라볼 수 있다. 사소한 일이라도 실천해보려는 마음을 먹어야 시작할 수 있다. 장자는 삼라만상은 모두 변하고 그 변화는 끝이 없는데, 당신은 아무것도 변하지 않는 것처럼 집착하며 살고 있지 않냐고 묻는다. 쉬면 불안해서 바쁘게 사는 우리에게 먼저 마음을 먹고 삶을 다르게 살아 보라 한다. 그래야 유유자적할 수 있다고 말한다.

나의 현재, 지금, 이 시간. 시간에 쫓겨 습관적으로 시계를 보는 대신 '내 템포로' 살고 싶다. 영어 공부에 빠져 살았던 적도 있고, 꿈을 이룬 미국 유학에서 부진아도 되어봤고, 유학 후 처음으로 부러움도 한 몸에 받았다. 남보다 잘나가고 싶어 노력했고, 경쟁하며 살았다. 몸이 아프면서 후회하며 지내기도 했다. 지금은 아이들과 조금은 느리지만 웃으며 인사 나누고 편안하게 수업하려 노력한다. 적당히 춤추며 이상한 옷을 입기도 하며 살고 있다.

오늘 하루, 별일 없이 지냈다. 양손으로 내 어깨를 감싸고 말한다.

　"참 잘했어요."

- 정다운 추억 -

1999년, 둘째를 임신했  다. 내 몸이 힘들어서 아 이들에게 단호하게 말하 고, 가장 무섭게 대했던 해다. 이 한 해를 떠올리 면 아이들에게 참 미안하 다. 다들 쌍둥이 임신한 거 아니냐고 물을 만큼 배가 남산만큼 불렀다. 42명 아이를 인솔하며 힘

겹게 가을 운동회를 마치고 10월 출산 휴가에 들어갔다. 우리 반 아이들은 새로운 강사 선생님과 두 달을 지냈다. 제일 모범이던 우 리 반이 학년의 폭탄 반이 되어, 강사 선생님은 늘 울고 다른 반 선

생님들께 계속 혼났다는 소식을 듣고 부끄러웠다. 예의 바르고 반듯했던 아이들이 문제아로 학교를 떠들썩하게 만들었다니. 내가 얼마나 아이들을 잡았던 걸까.

3월부터 아이들의 글과 그림을 모아 두고, 12월쯤 되면 글을 꺼내 문집 작업을 하는데, 이 해는 아이들의 글솜씨가 좋고 표현력도 남달라 두 권의 문집을 만들었다. 멋진 아이들에게 사랑을 듬뿍 주기보다 거리를 두고 엄격하게만 대한 건 아닌지. 늘 이 한 해를 떠올리면 가슴에 박혀있던 미안한 감정이 올라온다.

2000년 밀레니엄 새 시대가 열린다고 지구 전체가 흥분했던 그해, 새해가 밝았는데 그리 달라지는 게 느껴지지 않아 시시했던 기억이 난다. 문집에 아이들이 선생님에게 남긴 말을 보면, 그래도 수업이 재미있었고, 잘 가르쳐주셔서 고맙다는 글들이 보인다.

황지현 선생님께. 선생님 안녕하세요?
선생님을 처음 봤을 때 일 년 동안 어떻게 할까 고민도 했어요. 선생님이 너무 무서우실 거 같았거든요. 근데 제 예감이 틀린 건가요? 너무 잼~~ 있었던 것 같아요. 가끔 놀이도 하고 공부도 즐겁게 하구요. 1학기 문집 맨 뒤 선생님께서 저희

들을 위해 쓰신 글을 읽어 보고 저는 선생님의 마음을 정말 진심으로 알 수 있었어요.

한동안 나오지 않으셨을 때 얼마나 뵙고 싶었다구요. 5학년. 한 달도 채 남지 않았네요. 정말 아쉬워요. 언젠가 다시 선생님 뵙는 날. 5학년의 문집을 보며 추억을 되새길 날이 꼭 오리라 믿어요. 선생님 너무 감사드리구요. 항상 건강하세요. Love You.

항상 느낀다. 아이들이 선생님보다 낫다. 선생님의 실수도, 잘못도 아이들은 재미있게 수업하고 놀다 보면 금방 잊는다. 그리고 돌아서면 환하게 웃으며 말을 건네 온다. 오랜만에 문집을 꺼내 들고 읽으니 울컥한 마음이 든다. 이 아이들을 만나고 싶다.

"5학년 정다운반의 10대뉴스"

지금부터 5학년 정다운반의 10대뉴스를 시작하겠습니다.

1위 ○○ 유리창 사건.

이 사건은 ○○이 △△을 때리려 하다가 선반을 던져, 유리창에 맞아 선생님께 혼난 일입니다. 그것도 4개나 깨졌습니다.   (와장창)

2위 ○○, △△ 싸움.

우리반 남자아이 ㄱㅁ이 ○○에게 찰흙을 던져, ○○가 다시 찰흙을 던졌는데. △△한테 맞아 ○○와 △△이 싸우게 된 일입니다.

3위 통오전한 선생님 아들출산.

통오전한 선생님께서 임신을 해서 학교에 나오시지 않았었는데, 아들을 낳았다는 소식을 들은 사건 입니다.   좋아합니다~ (으라~)

4위 ○○ 선생님 끝까지 물고가심.

우리들이 말을 안 들어, 다른반 선생님 들리게 한다고 ○○ 선생님께서 5층까지 가셨습니다. 마지막 파티실에도 끝까지 물고 떠나셨습니다.

5위 요리실습

우리반이 김밥도 만들고 떡볶이, 핫케익, 라볶이, 등... 등.... 맛있는 음식을 만들어 먹은 일입니다. 참 맛있었어요-

6위 ☆☆, ○○ 유리창 사건

☆☆ 공을 차다가 1층 화장실 유리창을 깨졌고,
○○ 배드민턴을 하다가 3층 화장실 유리창을 깬 일입니다.
                                   화장실

7위 찰흙 반죽내서 탄환 됨.

미술시간에 만든 찰흙 작품을 남자아이들이 여자아이들에게
찰흙을 뭉쳐 던진 일입니다.

8위 우리반 수치로케 되난사건.

○○지갑, △△지갑, ⬠⬠CD 등...등... 교실에 있는 아이들의
소지품들이 없어진 일입니다.

9위 껌 씹은 양 증가

우리들이 2학기가 튼고 부터 껌을 많이 씹게 되었습니다.
껌을 많이 씹으면 얼굴도 네모로 되고 안 좋습니다.
그러니 껌을 많이 안 씹는 게 좋겠습니다.

10위 ☆☆ 발에 눈에 맞았다.
                                   ㅎㅎ 오ㅏㅎ우ㅠ
                                   (X)
우리반 남자 아이들이 발필을 던졌는데 ☆☆ 눈에 맞아
☆☆ 의 눈이 많이 아팠던 사건입니다.

정다움반이 뽑은

나라의

우리

10대 뉴스

이제 부터 5학년 정다움반이 뽑은 우리 나라의
10대 뉴스를 시작하겠습니다.

1위 - new milennium party. 〈새 천년 축제〉

　2000년 1월 1일 0시 0분 0초(정각 12시)에 폭죽이 터지며
서울 광화문등 여러 곳에서 행사를 많이 하였습니다.

2위 - 신동엽 대마초 피우다!!!

　이 사건은 몇달 전 부터 신동엽이 대마초를 피웠다는 사실이
밝혀지자, 신동엽이 구속 당했다는 이야기 입니다.

3위 - 포켓몬스터 아이들에게 대 인기요

　요즘, 만화 포켓몬스터가 아이들에게 대 인기를 끌며, 포켓몬스터에
나오는 포켓몬들의 인형이나 목도리, 신발등도 대 인기를 끌고 있습니다

4위 - 신창원 사형선고!

　몇년전 신창원이 부산 교도소에서 잡혀 있다가 탈옥을 하고 많은
범죄를 저질러 사형선고를 받았다는 이야기 입니다.

5위 - 옷로비 사건

　고관직 부인들의 옷로비 사건 입니다.

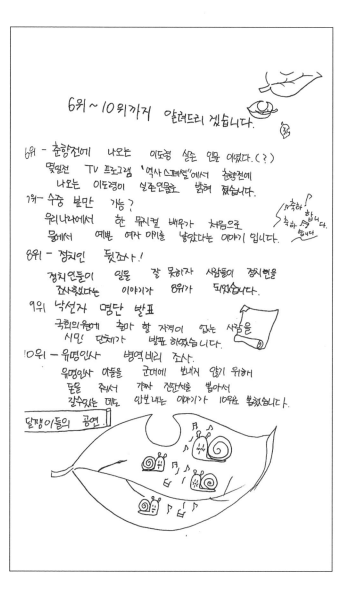

6위~10위까지 알려드리겠습니다.

6위 - 춘향전에 나오는 이도령 실존 인물 이였다.(?)
   몇일전 TV 프로그램 "역사 스페셜"에서 춘향전에
   나오는 이도령이 실존인물로 밝혀 졌습니다.

7위 - 수중 분만 가능?
   우리나라에서 한 뮤지컬 배우가 처음으로
   물에서 예쁜 여자 아이를 낳았다는 이야기 입니다.

8위 - 정치인 뒷조사!
   정치인들이 일을 잘 못하자 사람들이 정치인을
   조사했다는 이야기가 8위가 되었습니다.

9위 낙선자 명단 발표
   국회의원에 출마 할 자격이 없는 사람을
   시민 단체가 발표 하였습니다.

10위 - 유명인사 병역 비리 조사.
   유명인사 아들을 군대에 보내지 않기 위해
   돈을 줘서 가짜 진단서를 뽑아서
   갈수있는 데도 안보 내는 이야기가 10위로 뽑혔습니다.

달팽이들의 공연.

3부

그물에 걸리지 않는 바람처럼,

아침이면 나의 성벽 밖으로

여행을 떠납니다

떠남과 만남, 진정한 나를 찾아가는 여행

‘여행은 떠남과 만남입니다. 떠난다는 것은 자기의 성(城) 밖으로 걸어 나오는 것이며, 만난다는 것은 새로운 대상을 대면하는 것입니다.

만남은 바깥에서 이루어집니다. 각자의 성(城)을 열고 바깥으로 걸어 나오지 않는 한 진정한 만남은 이루어질 수 없습니다. 우리는 갇혀 있는 성벽을 뛰어넘어야 합니다. 인간적인 만남의 장은 언제나 바깥에 있기 때문입니다.

신영복, 『처음처럼』, 「여행」, 「바깥」 중에서

낯선 곳에서 낯선 사람을 만나다

IMF의 고난과 위기를 극복하고 맞았던 밀레니엄 시대, 2001년 김대중 대통령의 정책 중 교육에 관한 지원이 내 가슴을 뛰게 했다. '교원 장기 해외 유학 파견'. 교사들에게 2년간 국외 석사과정을 국비로 지원해 준다는 내용이었다. 경력이 인정되면서 월급과 함께 매월 생활비가 추가 지급되고, 왕복 항공권(가족이 가게 되면 전 가족 항공권), 초기 주거 정착 비용, 학비가 전액 지원되는 내용이었다. 한창 영어 공부를 하며 대학원을 다니고 있을 때였다. 같이 공부하던 선배가 1기로 유학을 떠나는 것을 보면서 꿈을 키웠다. 전 가족이 미국에서 2년 동안 살면서 석사 공부를 할 수 있다는 상상은 설렜다. 공부가 재미있고 즐거웠다. 그리고 2004년 그 시험에 선발되어, 2005년 8월, 우리 가족은 2년간 미국 생활을 위해 비행기에 올랐다. LA에서 최종 목적지인 피닉스 공항으로 가기 위해 비행기를 갈아탔다. 착석했는데 뒤에서 따라오던 신랑이 오지 않았다. 한참 뒤 사색이 되어서 왔다.

"내 붙잡혀서 못 탈 뻔했다. 영어를 하나도 못 알아들어서…"

신랑의 기내용 가방이 국내 경비행기에서는 용량초과였다. 승무원이 자기들의 짐칸에 두겠다는 영어를 못 알아들었다.

가방을 뺏길뻔했고, 탑승을 금지당했던 신랑이 말했다.

"이제부터 당신 뒤에 바짝 붙어서 다녀야겠다."

미국 생활 첫 한 달은 일 년 같았다. 집 계약, 살림 도구 쇼핑, 핸드폰 개설, 전기 및 수도 신청, 자동차 구매, 미국 운전면허 증 취득, 은행 계좌 개설, 보험 가입, 두 아이 초등학교 등록, 나의 대학원 등록 및 수강 신청 등. 언어와 문화가 다른 곳에 정착하는 것이 쉽지 않았다. 갑자기 혼자서는 아무것도 할 수 없는 아이가 되어 버린 것 같았다. 낯선 사람과 대화도 잘못했 기에 더욱 힘든 시간이었다. 대한민국 성벽 안에 있을 때 전혀 만나지 못했을 낯선 사람들과 일상으로 만나야 했다.

애리조나 주립대학이 있던 메사(Mesa)시는 사람 키만 한 선 인장이 나무를 대신하고 있는 이색적인 도시였다. 사막기후 라 겨울이 우리나라의 봄 날씨 같았다. 여름은 지글지글 끓지 만, 습도가 낮고 에어컨 시설이 잘되어 견딜 만했다. 힘든 일 들이 거의 정리된 후, 우리 가족은 집에서 4시간 정도 걸리는 세도나로 향했다. 첫 미국 여행이었다.

"와! 와우!!"

마을을 벗어나자마자, 가도 가도 끝없이 펼쳐진 낯선 풍경. 집 한 채, 나무 한 그루도 없는 사막과 선인장. 우리 앞으로, 뒤로, 옆으로도 자동차 한 대 없었다. 사방이 지평선이었다. 4시간 정도를 달려서 도착한 세도나는 세계에서 가장 영험하다는 곳이다. 군데군데 평평한 돌 위에서 요가의 자세를 취하고 있는 사람들. 다양한 모양과 크기의 무수한 돌과 암벽으로 이루어진 벌건 산들이 끝도 없이 펼쳐져 있었다. 그렇게 두려움과 무서움. 압도된 풍경으로 시작한 여행은 미국 서부 여행, 미국 종단, 횡단 여행으로 이어졌다.

서부의 어느 구간은 8시간 이상을 달려도 사막이었다. 중간에 차가 고장이라도 난다면, 타이어가 펑크라도 나면 그대로 고립될 것 같았다. 버려진 느낌이었다. 4시간 이상 달려야 있던 휴게소는 작은 공원 같은 곳에 화장실만 있었다. 휴게소에 우리 식구만 있을 때도 있었다. 인적이라고는 없는 차도 위를 7~8시간 달리다 보면 자연에 경외감을 느끼게 된다. 『여행의 기술』의 저자 알랭 드 보통의 말처럼 '숭고한 장소는 부드럽게 우리를 다독여 한계를 인정'하게 했다. '우리를 먼지로 돌려보낼 그 크고 헤아릴 수 없는 사건들을 좀 더 담담하게 받아들이게' 하였다. 지구의 벼랑 끝에 끝없이 펼쳐진 깊은 계곡과 협곡의 그랜드캐니언, 자연의 엄숙함 앞에서 인간의 존재가 얼마나 작고 초라한지.

그들도 친절한 시민이었습니다

우주에서 지구의 인공위성을 찍으면 나타난다는 거대 조형물 중의 하나가 유타주에 있는 빙엄 코퍼마인(Bingham Copper Mine)이라고 한다. 솔트레이크시티에 머무는 동안 그곳에 들러 보기로 했다. 당시는 네비게이션과 스마트 폰이 없었다. MapQuest 같은 사이트에서 여행 일정에 따라 지도를 내려받고, 호텔이나 그 지역 관광지에서 지도를 구해 길을 찾아다녔다. 당일 아침 호텔 직원에게 우리가 방문할 코퍼마인의 위치와 길을 한 번 더 확인하고 출발했다.

세계에서 가장 큰 구리광산이라는데, 지도는 우리를 숲속 비포장도로로 안내했다. 산이 조금 더 깊어 지면서 불안했다. 캠핑하는 사람들이 보여 차를 세우고 길을 물어보려고 내렸다.

"Excuse me. Can you help me find this…?"

질문이 끝나기도 전에 어두컴컴한 숲 안쪽에서 우르르 나오는 집단. 밤새 마약을 했는지, 정신이 몽롱해 보였다. 머리 색깔은 형형색색, 각종 문신과 옷차림도 기괴한 사람들. 총도 있을 듯한 으스스한 분위기였다.

'아~ 도망가야 하나?'

덜덜 떨리는 마음을 보이지 않으려 애쓰는데, 무리 중의 한 사람이 자신도 그곳을 지나가야 하니, 그의 차를 따라오라고 했다. 그리고 3~4명이 한 대의 차를 출발시켰다. 남은 사람들이 지켜보는 가운데 우리 차도 그의 차를 따라 시동을 켰다.

가면 갈수록 길이 위험하고 이상했다. 깎아지른 절벽 같은 곳. 운전을 조금만 잘못하면 낭떠러지로 굴러떨어질 것 같았다. 불안했다. 차를 돌릴 수도 없었다. 아이 둘을 뒤에 태우고 가는 우리 부부의 속은 타고 입술은 바짝바짝 말랐다. 그렇게 얼마를 갔을까? 끝나지 않을 것 같은 시간. 갑자기 앞차가 섰다. 그리고 한 명이 우리 차를 향해 걸어왔다.

"차 문 잠가!" 겁에 질린 내가 소리쳤다.

자동차 전체 잠금장치가 운전석 옆에 있었다. 신랑이 문을 잠그고 창문을 아주 조금 열었다.

그런데 환하게 웃으며 다가온 그는, 저 앞의 두 갈래 길을 가리켰다. 자신들은 이제 왼쪽 길로 가야 하는데, 오른쪽 길로 가면 우리의 목적지라고 했다. 오른쪽 길. 포장된 도로가 시작되었다. 그 고개를 넘으니 바로 지구에서 가장 크고 깊은 노천 광산, 웅장한 코퍼마인이 보였다. 우리가 길을 잘못 들어 사람들이 거의 이용하지 않는 뒷길, 깊은 산 비포장도로로 갔던 것이다.

우리 차가 오른쪽 길로 갈 때까지, 우리가 보이지 않을 때까지 창밖으로 손을 흔들어 주던 그들은 타국의 여행객에게 다정하고 친절한 시민이었다.

한국을 떠나자 나도 소수자였어요

우리 가족이 미국에 지내던 2007년, 미국 버지니아 폴리테크닉 주립대학교에서 총기 난사 사건이 발생했다. 32명이 사망하고 29명이 부상했다. 범인은 끔찍한 총격전 후 자살한 한국인 조승희였다. 이 사건 후 동네에서 우리 차에 돌을 던지며 욕을 하는 사람이 있었다. 조승희와 같은 한국인은 그들의 눈에 같은 범죄자 집단, 혐오의 대상이었다.

『당신의 수식어』의 저자 전후석은 한국에서 자랐지만, 태어난 곳이 미국이었다. 이중국적이었던, 그는 열일곱 살 때 미국

국적을 선택했고 최대한 미국인이 되려고 노력했다. 하지만 많은 장벽이 존재했다. 미국에서 아시안이라는 정체성은 소수자들의 담론이었다. '정체성은 변두리, 경계인, 소수자들이 자아를 인식하는 중요한 기제이고 주류와 다수에게 자신의 존재를 묻고 드러내는 행위다.'라고 그는 말한다.

한국인 유학생 가족은 미국 내 비주류였다. 미국의 주택임대료는 상상을 초월할 정도로 비쌌다. 전세 제도는 없고 매월 세를 내야 한다. 나는 100만 원 월세를 내는 저소득층의 주택가에 살았다. 노인들, 경제적 사정이 어려운 다양한 인종의 사람들이 주로 사는 지역이었다. 그곳의 멕시칸이나 흑인, 아메리칸 원주민(인디언)의 대다수 성인과 노인들은 앞니가 거의 없었다. 의료보험이 민영화되어 있어서 병원과 치과의 벽은 그들에게 너무 높았다. 우리 가족에게도 미국 병원은 갈 수 없는 곳이었다. 미국에 있는 동안 병원에 딱 한 번 갔다. 아들이 너무 아파서 들렀는데, 진단받고 약 처방받는데 그 당시 10만 원 이상을 지불했다. 한국에서 공무원의 삶을 살았더라면, 아파도 병원에 가지 못하는 생활, 유색인이라고 손가락질당하고 차별당하는 상황을 겪어 보지 못했을 것이다. 언어가

어눌해서 당하는 수치심을 느껴보지 못했을 것이다. 그 경계에서 살았던 경험은 내가 성 밖을 나가지 않았으면 겪어 보지 못할 일이었다.

나를 찾아가는 여행, 두렵지만 찬란하게 빛나는 시간

북쪽 마녀가 도로시에게 말했다.

"오즈의 마법사에게 가는 길은 '즐겁고, 어둡고, 무서운 곳을 지나는 오랜 여행7)'이야."

심리학자 김태형은 '진정한 나를 찾아가는 여행'도 이와 같다고 말한다. 자신을 알아가고 발견하는 과정은 즐겁다. 하지만 나를 알기 위해서는 괴롭고 아픈 내면의 어둠과도 마주해야 한다. 내 상처를 보는 것은 무섭고 두렵다. 그래서 나를 찾는 진정한 여행은 시간이 오래 걸린다.

나의 여행도 진정한 나를 만나고 찾기 위한 시간이었다. 겁쟁이인 내가 27살, 첫 배낭여행인 유럽 여행을 마치고 영어 공부를 시작했다. 그리고 38살에 가족을 데리고 미국 유학길에 올랐다. 공무원 교사라는 규범 속에 묶여 살다가 새롭게 시작

---

7) 김태형, 『로미오는 정말 줄리엣을 사랑했을까』에서 재인용

한 미국 생활은 설레고 무서웠다. 들판에 버려져 스스로 길을 찾고 헤매야 하는, 낯선 만남의 연속이었다. 새로운 문화와 생활양식, 다르게 생각하는 사람들을 만났다.

하루에 10시간 이상씩 달려야 하는 미국 횡단 여행, 우리 집에서 뉴욕까지 도착하는 데 거의 열흘이 걸렸다. 소형차에 4명의 식구가 한 달여간 부대끼며 지내야 하는 여행은 나의 적나라함과 나약함, 보잘것없는 초라함을 드러내게 했고, 내 옆 사람의 민낯을 마주 보게 했다. 사소한 일에도 감정이 상해서, 서로에게 지치고 실망하기도 했지만, 기댈 곳이 없는 환경은 우리를 더 사랑하고 아끼게 했다. 우연히 만난 풍경과 작은 도시에 매료되기도 했다. 찬란하게 빛나는 시간이었다.

여행 전과 후의 내가 존재한다. 난 또 다른 여정의 길에 있다. 새롭고 즐겁고 두려운 길. 나를 가두고 있는 성을 뛰어넘어 진정한 만남을 위해 떠나는 여정. 익숙하고 편안함을 떠나 낯선 곳에서 새로움을 껴안으며 살아가는 일상이 여행이다.

아침이면 나는 나의 성벽 밖으로 여행을 떠난다. 매일 처음인 여행이 시작된다.

선생님의 춤바람

||||||||||||||||||||||||

시집갈 수 있는 여자가 못 되어서…

짧은 팔다리, 납작코에 크고 못생긴 얼굴. 태어날 때부터 낙인이었다. 첫 손녀를 본 외할머니가 놀라며 이렇게 말했다고 한다.

"아이고, 이를 우짜노? 여자애가 이래 못생겨서… 시집이나 가겠나?"

화난 못난이 인형이 내 별명이었다. 중학생이 되면서 얼굴에는 여드름이 가득하고 살이 찌기 시작했다. 외할머니는 잔소리했다.

"여자 얼굴이 저기 뭐꼬? 시집가기는 틀렸다."

고등학교 때 비만이 되었다. 여자의 외모와 몸으로는 불합격품 같았다.

내가 졸업한 삼현여자고등학교. 삼현(三賢)은 현모(賢母), 현처(賢妻), 현민(賢民)을 상징한다. 좋은 엄마, 아내와 국민이 되어야 한다는 비전이다. 삼현(三賢)의 여자가 되고 싶었다. 결혼을 안 하고 아이 안 낳는 여자에 대해서 생각해 보지 않았다. 결혼해서 아이 낳아서 잘 기르고 남편에게 헌신하는 것이 당연한 삶이라고 생각했다. 그런데 내 몸과 얼굴로는 시집도 못 간다는 외할머니의 주문을 늘 듣고 있으니, 비만에 여드름 빽빽한 못생긴 얼굴의 여학생 삶은 꿀꿀했다. 지금 되돌아보면, 삼현(三賢)이 '시집 잘 갈 수 있는 여자'를 만드는 비전 같다.

외모와 몸의 콤플렉스로 힘들었던 시절. 내 몸속에는 끓는 무언가가 있었다. 음악만 나오면 몸이 근질근질, 리듬을 타고 싶고 움직이고 싶었다. 하지만 짧은 팔다리의 뚱뚱한 몸에 춤은 언감생심이었다. 그래서 늘 보는 것으로 만족했다. 고등학교 축제, 반에서 늘씬하고 예쁜 아이들이 댄스공연 대표로 뽑혔다. 나는 매니저를 한다고 했다. 춤추는 동안 음악 틀어주는 사람. 친구들 동작을 잘 보았다가 집에서 연습했다. 그런데 내게 기회가 찾아왔다. 공연을 앞둔 날, 한 명이 다리를 다쳐서 매니저를 하던 내가 무대에 대신 서게 되었다.

'할렐루야!!!'

공연 내내 느껴지는 짜릿함은 대단했다. 그 뒤 대학교 축제 기간. 과별 응원팀에 끼여 춤을 추기도 하고 민속춤을 배우는 동아리 활동도 하면서 내가 끼가 많다는 것을 알았다.

일상의 경험과 감정이 예술로 연결되다

40대 초반. 우연히 만난 '라인댄스 직무 연수.' 처음으로 정식으로 춤을 배우며 물 만난 물고기가 되었다. 이 연수가 인연이 되어 다섯 명의 교사가 모여 동아리를 만들었다. 자격증도 따고 각종 댄스 대회에 출전했다. 한창 연습할 때 양발의 엄지발톱이 새까맣게 변해서 빠졌는데도 아프지 않았다. 춤은 거울 앞에서, 타인 앞에서 내 몸을 드러내는 일이었다. 처음에는 쑥스럽고 창피해서 시선을 둘 때가 없었다. 팔, 다리, 목이 다 짧고, 관절과 근육이 굳어 뻣뻣한 40대 아줌마의 엉거주춤. 하지만 춤을 출수록 내 몸을 더 자세히 보게 되었고, 있는 그대로의 모습이 편안해지고 내 몸을 사랑하게 되었다.

한창 춤에 빠져 있을 무렵, 우연히 창의 예술 연수를 만났다. 영국 ARTIS 재단의 선생님들이 직접 표현 활동을 가르쳐주는 일주일의 합숙 연수였다. 첫날은 걷기만 했다. 천천히 걷기,

빠르게 걷기, 공간의 배치를 생각하며 걷기, 몸의 높낮이를 다르게 해서 걷기 등 종일 음악과 함께 걸었다. 하루 연수가 끝나갈 무렵 팀을 반으로 나누어 시연했다.

'이럴 수가!'

걷기가 아름다운 공연이 되었다. 그냥 서로의 공간을 느끼면서 복잡한 곳은 풀고, 한적한 곳으로 나아가는 각자의 다양한 걷기가 춤이 되었다. 신기한 경험이었다. 나는 안무가 없는 춤을 춰 본 적이 없는데, 걷기만으로도 즉흥 안무가 될 수 있었다.

"나는 춤 못 춰요.", "몸치예요."라고 말하던 선생님들의 걷기 공연은 감탄을 자아낼 만큼 멋있었다. 이 연수는 주어진 안무를 그대로 따라 하는 춤이라는 틀을 깼다. 어릴 때부터, 이런 창의 예술 활동을 경험하고 교육받는다면, 몸으로 하는 표현 활동에 대한 거부감이나 두려움은 없을 것 같다.

존 듀이는 『경험으로서의 예술』에서 일상의 삶과 미적 경험은 분리되지 않는다고 했다. 인간은 삶 속에서 아름다움을 경험하고 이를 누구나 예술로 표현할 수 있다는 것이다. 그는 예술은 전문가만 할 수 있다는 관념을 부정했다. 예술이 인간의 일상에 존재할 때, 인간은 미와 예술을 바르게 이해할 수 있다

고 믿었다. 이를 춤에 대비해 본다면, 어릴 때부터 발레 등의
전문과정을 밟은 사람만이 춤을 잘 출 수 있다는 편견을 깰 수
있다. 누구나 일상의 경험과 감정을 몸으로 표현할 수 있고 춤
으로도 연결할 수 있다.

비밀한 말, 힘 빼!

박노해의 수필 『눈물 꽃 소년』의 「비밀한 그해 여름」이라는
글에서 어린 평이가 여름 갯벌 바다에서 고기잡이하며 겪었
던 이야기를 전한다.

친구들이 밀물 찬다고 바다를 떠날 때, 평이는 눈앞에
서 반짝이던 은빛 물고기를 잡고 싶어 더 깊이 들어갔
다. 악착같이 커다란 물고기를 잡아서 자랑하려다 밀물
파도에 잡아먹힐 위기를 당했다. 허우적거릴수록 더 깊
이 빠져들어서야 물고기를 놓았다. 죽을 것 같던 그 순
간 떠 오른 소리.
"힘 빼!"
동네에서 헤엄을 제일 잘 치는 아재가 가르쳐 준 방법
이었다.

"평아, 몸에 힘을 빼그라. 글고 바다 위에 누워. 두 팔과 다리를 펴고 기냥 누워. 온몸에 힘을 빼고 텅 비우면 절대로 안 가라앉는다잉. 바다를 탁 믿어부러."

몸에 힘을 빼고 바다의 파도에 몸을 맡기며 서서히 뭍으로 나올 수 있었던 평이의 이야기처럼, 춤도 자신이 느끼는 리듬을 신체로 움직이면 된다. 박자에 맞춰 손, 발, 어깨, 머리만 까닥거려도 춤이 될 수 있고, ARTIS 재단의 연수처럼 단순히 발을 떼는 걷기도 춤이 될 수 있다. 자전거를 처음 배울 때 계속 넘어지고 균형 잡기 힘들어도, 몸이 익숙해지면 탈 수 있듯이 춤도 동작을 반복하다 보면 익숙해지고 내 몸이 기억한다.

춤을 추면 고민이나 걱정이 다 없어져 버리고 오롯이 음악과 나만 있는 것 같다. 몸이 아파 수시로 병원을 들락거리던 시기에도 일어날 힘만 있으면 춤을 췄다. 멤버들은 걱정하며, 아픈 거 맞냐고 종종 놀렸다. 벌써 15년이 훌쩍 넘었다. 매주 토요일 오전에 각자가 가져온 간식으로 수다도 떨고, 땀에 흠뻑 젖으며 댄스로 시간을 보낸다.

외할머니가 그리 걱정했어도, 나는 결혼해서 아이 둘 낳았고

늦바람이 불어 춤도 춘다. 나의 외모와 몸을 부정하지 않고 받아들이는 것이 춤의 시작이었다. 타인의 시선에서 벗어나 자신을 가장 편안하게 드러낼 수 있는 용기를 내게 되었다. 힘을 뺀 자연스러운 상태가 아름답다는 걸 춤을 통해 배우고 있다. 춤이 말한다. '

'힘 빼고 음악을 즐겨 봐.'

아파도 여행

||||||||||||||||||

숨이 쉬어지지 않았던 어느 봄날

벚꽃이 화창한 봄날, 출근길 터널 속에서 차가 밀렸다. 정체로 차를 멈추자 갑자기 심장이 쥐어짜듯이 조여 오면서 숨이 잘 쉬어지지 않았다.

"후~후~, 후~ 후."

숨을 크게 뱉으며, 창문을 열고 음악도 크게 틀어 보았다. 발을 굴러보기도 했다. 갑갑하고 고통스러웠다. 서서히 차가 움직이고 터널을 빠져나오자 다시 괜찮아졌다. 다음날부터 출퇴근 운전이 부담스러웠다.

'차가 멈추면 어쩌지?…' 컴컴한 터널 안에서 차가 설까 늘 가슴 졸였다.

터널 안에서 가슴 통증과 숨이 쉬어지지 않는 고통을 겪고 난 후, 복잡한 백화점이나 마트를 가면 어지럽고 온몸이 긴장되고 땀이 났다. 좁고 닫힌 공간, 심지어는 엘리베이터를 타는 것도 힘들었다. 버스나 기차를 타도 비슷한 증상이 올라와서 대중교통을 이용하기도 힘들고, 극장도 갈 수 없었다. 갱년기 증상까지 겹치면서 수시로 온몸에 열이 오르고 어지러웠다. 그 후 여행을 갈 수 없었다.

함께이기에 가능했던 여행

작년에 비행기를 다시 타보고 싶었다. 때마침 신랑의 환갑도 겹쳐서 4박 5일의 일정으로 제주도 가족 여행계획을 잡았다. 내 몸 상태를 알고 있던 식구들이 다 "괜찮겠어?"라며 걱정했다. 2005년부터 2년간 다녔던 미국 여행처럼, 아이들이 결혼하기 전에 가족여행을 해보고 싶었다. 하지만 날이 다가올수록 불안했다. 비행기를 타야 한다는 압박이 공포로 다가왔다. 병원에 가서 약 처방을 받아 비행기 타기 전에 불안을 진정시키는 약을 먹었다. 제주도 도착까지 45분여간 청룡 열차를 타는 기분이었다. 신랑의 손을 꽉 잡고 겨우 버텼다. 그렇게 우리 가족의 제주 여행이 시작되었다.

여행 3일째 밤, 가족들과 둘러앉아 가장 좋았던 곳이나 인상 깊었던 순간에 대해 이야기를 나누었다. 신랑은 의외로 '너븐 숭이 4·3 기념관'을 꼽았다. 그곳은 제주도 일정 중에 내 고집으로 간 곳이었다. '너븐숭이'는 밭일을 하다가 돌아올 때 쉬어가던 넓은 땅을 말하는데, 제주 북촌 마을에 있는 작은 기념관이다. 유난히 더운 날, 뜨거운 햇살 아래서 해설사의 설명을 듣는 내내 식구들이 거의 말이 없어 마음 한편이 불편했는데, 의외였다.

"당신이 싫어하는 줄 알고 걱정했는데 좋았다고?"

"4·3이란 말만 들어 봤지, 엄청난 숫자의 무고한 시민들이 처참하게 죽임을 당하고 아이들까지 그렇게 죽었을 줄은 몰랐어…"

딸과 아들도 아빠의 이야기에 공감했다. 제주 4·3 희생자의 수는 2만 5천 명에서 3만여 명으로 추정되는데 당시 단일사건으로는 가장 많은 희생이 북촌리 마을에서 일어났다. 1949년 1월 17일 군인들은 북촌 국민학교에 마을 주민을 모두 모아 놓고, 50여 명씩 짐승 몰 듯 몰아 너븐숭이 일대의 들과 밭에서 집단 총살했다. 이날 북촌리 마을 주민 500여 명이 한날한시에 희생되었다. 동시에 마을의 집들도 거의 모두 불탔다. 음력 섣달 열여드렛날, 한날한시에 이집저집 제사가 시작되고 한날한시에 이집저집에서 터져 나오던 곡소리. 이 북촌 마을의 이야기가 현기영의 소설『순이 삼촌』에 그대로 담겨있다. 우리 가족들 모두 제주의 4·3에 대해 좀 더 알고 싶다며 뜻을 모았다. 신랑은 해설가가 언급한『순이 삼촌』을 읽어 보고 싶다고 했다.

 딸과 아들이 꼽은 곳은 '빛의 벙커'였다. 깜깜한 어둠의 벙커 사방에서 미디어 영상 빛으로 비추는 세잔과 칸딘스키의 작품. 그들의 그림에 둘러싸여 압도적인 음향과 함께 예술을 즐기는 곳이었다. 미술관의 벽에 걸린 작품을 걸어가면서 감상하는 것이 아니라 자신이 앉고 싶은 곳이나 감상하고 싶은 자리에 서 있으면 어둠 속에서 예술 작품이 다양한 빛의 향연으로 다가온다. 완전히 새로운 경험이었다. 가족이 둘러앉아 여행의 경험을 나누고, 제주 4·3의 고통을 함께 느꼈던 순간, 여행하지 않았으면 가져 보지 못할 여행의 맛이었다.

여행의 진정한 의미를 깨닫는 너희가 되기를
여름 방학을 마치고 학교의 아이들에게 그동안 어떻게 지냈는지 안부를 물었다. 해외여행을 다녀온 친구, 서울 등의 대도시 놀이동산이나 워터 파크를 다녀온 친구, 할아버지 할머니 집을 다녀온 친구, 바닷가를 다녀온 친구들이 자랑을 늘어놓았다. "와, 즐거웠겠다. 재미있었겠다."라고 말하는 동안 한쪽에는 아무 곳에도 가지 않고 집에만 있었다는 친구, 핸드폰 게임만 했다는 아이들도 있었다. 경제적 여유가 있는 학구일수록 해외여행을 많이 다녀온다. 그로 인해 요즘은 새로운 현상도 생겼다.

학교에는 '현장 체험 학습'이라는 제도가 있다. 가족여행이나 친지 방문 등의 체험 학습을 할 경우 1년간 20일은 결석으로 처리되지 않는다. 대신 간단한 현장 체험 사전 계획서와 사후 보고서만 제출하면 된다. 학기 중 날씨 좋은 봄가을에 부모와 해외로 현장 체험을 떠나는 아이들이 많아졌다. 지난가을, 동료 선생님이 아들과 나눈 대화를 들려주었는데 그 내용에 무척 놀랐다.

"엄마, 나 현장 체험 학습 너무 가고 싶어요."

"그래? 엄마 방학 때 같이 가면 안 될까?"

"아뇨, 방학 때 말고 학교 갈 때 가고 싶어요. 친구들은 다 간단 말이에요."

"그럼, 아빠랑 제주도에 다녀올래?"

"국내 여행은 친구들이 놀려요. 외국에 꼭 가고 싶어요."

학구가 좋은 곳일수록 해외로 떠나는 현장 체험 학습이 당연한 코스가 되어버렸다. 방학 때도 물론, 어학연수 등으로 해외여행을 많이 간다. 어릴 때 더 넓은 세상을 경험하면 평생 기억에 남고 추억이 된다. 하지만 한편으로는 어린아이들이 인정받기 위한 여행을 떠나는 것 같아 씁쓸한 마음이 든다. 국내 여행도 힘든 어린이들, 부모의 보살핌도 제대로 받지 못하고 편의점에서 식사를 해결하는 아이들이 항상 마음에 걸린다.

마르셀 프루스트는 『잃어버린 시간을 찾아서』에서 '진정한 여행이란 새로운 풍경을 보는 것이 아니라, 새로운 눈을 가지는 것'이라고 했다. 유명한 장소나 맛집에서 나도 이곳을 '왔노라, 보았노라, 먹었노라.' SNS의 증거 사진을 남기기 위한 여행이 아닌, 역사와 문화를 만나고 새로움을 발견하고 다름의 가치를 깨닫게 하는 여행. 이와 같은 여행은 어느 곳을 가는지가 중요치 않다. 그보다는 무엇을 느꼈는지가 중요하다. 각자 나름의 일상을 살던 우리 가족은 아름다운 제주도의 자연과 문화를 같이 보고 느끼는 여행을 했다. 함께이기에 아파도 여행할 수 있었다.

　　교실에서 마주하는 아이들도 집을 떠나 학교에서 지내는 시
간을 여행이라 여겼으면 좋겠다. 꼭 친구들과 함께하는 소풍,
수학여행, 체험 행사 등이 아니더라도 학교에서 보고, 듣고,
느끼는 모든 순간을 여행이라 여기길 바란다면, 그건 너무 큰
욕심일까. 아이들이 새로운 눈을 가지게 되는 곳, 배움이 깊어
가고 성장하는 곳, 학교 가는 길이 여행길 같았으면.

선생님이 이런 옷을 입어도 되나요?

IIIIIIIIIIIIIIIIIIIIIIIIIIIIIIIIIIIIIIIIIIIIIIIIIIIIII

좀 튀면 어때요

예쁘고 화려한 옷을 입는 친구들이 늘 부러웠다. 뚱뚱한 몸, 못생긴 외모, 여드름 가득한 얼굴이 싫었다. 나의 신체적 결함을 감추고 싶었다. 살을 빼고, 옷으로 치장하고 화장하고. 거울 속의 나, 사진 속의 모습에 신경 썼다. 옷을 잘 차려입고 길을 나서면 기분 좋았다. 그러다 보니 점점 튀는 옷, 남들이 잘 입지 않는 옷에 끌렸고, 학교에 이상한 옷을 입고 다니는 선생님이 되었다.

미국에서 유학했던 시기, 내 눈에 가장 띈 것은 형형색색의 자동차 색깔이었다. 대형 주차장에 가면 처음 보는 모양의 차들이 다양하고 화려한 색상으로 반짝거렸다. 거리에서 만나는 신기한 차를 구경하는 것도 여행의 재미였다. 역사 교과서에 나올 만한 오래된 차에서부터, 영화에나 나올 것 같은 차, 가지각색의 모양과 색깔은 놀라웠다.

반면 한국의 주차장, 고속도로를 달리며 보이는 차들은 거의 비슷하다. 대부분이 무채색이다. 학교에서 아이들의 옷도 마찬가지다. 무채색이 많다. 튀면 안 된다. 이상한 옷을 입으면 놀림당한다. 아이들의 옷은 유행하는 옷이라 거의 비슷한데, 특히 롱패딩은 무조건 검정이다. 나는 아이들이 좋아하는 색깔과 멋을 찾고 탐구하고, 천연의 아름다운 색상을 보고 느낄 시간이 있으면 좋겠다. 그중 나와 가장 잘 어울리는 옷, 진정한 내 옷을 입어보는 경험도 해보길 바란다.

오직 나만이 할 수 있는 이야기

인간의 가치는 무엇으로 매길까? 장 보드리야르의 『소비의 사회』에서는 물건을 '사용 가치', '교환가치', '기호 가치', '상징 가치'로 설명한다. 이를 인간의 가치로 변환시켜 보면, 일단 나의 '사용 가치'는 신장과 눈 등의 각종 장기와 혈액 등일 것이며 개인적인 추측으론 1억 정도로 예상된다. 다음으로 '교환가치'는 내 소유의 아파트 한 채와 월급이며 '기호 가치'는 교사라는 직업, 신체 조건과 외모가 될 것 같다. 이 세 가지 가치는 돈과 외모 등의 외부 조건에 해당한다. 요즘 유행하는 옷을 입고 유명 맛집을 찾아다니며 인증하듯 찍은 SNS 속 사진들을 보고 있자면 마치 이 세 가지 가치로 인정받고 싶은 인간의 욕망을 보는 것 같다. 물론 그 욕망이 무조건 잘못되었다고 보지는 않는다. 자신의 끼와 아름다움, 기호를 당당하게 표현하는 자신감일 수도 있다. 자신의 본 모습을 알 수 없을 정도로 지나치게 돋보이려 하고 과도하게 치장하지 않는다면, 가장 소중한 순간을 남기고 싶은 욕구는 존중되어야 한다.

그렇다면 마지막 '상징 가치'는 어떨까? 한 인간을 상징하는 가치에는 인생의 서사와 이야기가 있다. 이러한 '상징 가치'로 나를 표현하면 아마 '포장지 같은 옷을 입는 선생님'과 같은 문장을 쓸 수 있을 것이다. 용기 있게 선택했던 경험, 실패하고 아파하며 후회했던 경험. 그때 느꼈던 상처. 타인의 호감을 사기 위해 눈치 살피며 살았던 이야기처럼 모두 자신만의 스토리가 있다. 이 모든 이야기가 나의 '상징 가치'다. 나의 진솔한 모습을 드러내야 나만의 독특한 이야기가 나온다. 50대가 되니 외모나 몸매보다 그 사람에게서 풍기는 인상과 표정이 더 눈에 들어온다. 그의 재산이나 지위보다 그만의 스토리가 더 궁금하다.

형광색 양말과 반짝이 치마

나는 여전히 강렬한 색깔과 튀는 옷을 좋아한다. 다만 이제
는 나를 봐달라고 타인의 시선을 끌기 위해서 옷을 입는 게 아
니라 내 취향으로 입는다. 가을이라 흰색 짧은 원피스에 오렌
지색 레깅스를 입고, 빨간 벨트를 매고 출근했다. 신랑은 입
을 다물지 못한다.

"와!!! 오늘 패션은 뭐꼬?…"
나는 벨트와 레깅스를 가리키며 당당하게 대답한다.
"가을이라 빨간 단풍과 오렌지 단감 패션이다."

이상한 옷을 입는 엄마에게 어린 아들은 종종 물었다.
"엄마, 선생님이 그래도 돼?"
"응. 너도 해봐."

옷은 개인의 선택이다. 옷 스타일까지 눈치를 보며 '척'하는
고달픈 인생을 살고 싶지 않다. 60을 바라보는 나이지만 아직

은 튀는 옷을 입고 싶다.

어느덧 대학생이 된 아들은 형광색 양말에 반짝이 옷을 입은 엄마를 보고 이렇게 말한다.

"키야~ 이게, 엄마 매력이지!"

이야기해, 뭐든 이야기해!

||||||||||||||||||||||||||||||||||||||||||||

단순하고 소박해도 충만한 식사

　니코스 카잔차키스의 소설 『그리스인 조르바』는 '인간은 자유다'라는 화두로 삶을 살아낸 65살 조르바와 여자를 사랑하기보다 책 읽는 것을 더 선호하는 35살 '책벌레' 두목이 크레타섬에서 탄광 사업을 하며 겪는 이야기다. 육신의 쾌락을 업신여겨 식사도 부끄러운 짓인 것처럼 은밀하게 먹었던 두목이 식탁에서 이렇게 말한다.

　"이야기하세요. 조르바, 뭐든지 이야기하세요!"

　두목은 밤마다 조르바를 기다린다. 같이 저녁을 먹기 위해서다. '이 세상 구석구석, 인간의 영혼 구석구석을 누빈' 그의 유머와 스토리를 듣는데 두목은 싫증 나지 않는다. 두목은 포도주 한 잔, 군밤 한 알, 허름한 화덕, 바닷소리. '단순하고 소박한 저녁 식탁'에 충만한 행복을 느낀다. 이들의 저녁 시간이 내게 가슴을 치며 다가왔다.

천천히 씹고 즐겨야 제맛이지

어린 시절 군인이셨던 아버지는 늘 밥을 급히 드셨고 나 역시 빠른 식사 속도에 맞추어 밥을 먹어야 했다. 밥을 먹으면서 말을 하면 안 되었다. 아버지 혼자만 말할 수 있었는데, 주로 잔소리다. 우리 잘되라고 하는 말이라는데, 듣기 싫었다. 일방적인 충고와 조언은 괴로웠다. 술주정하고 집안일에 손도 까딱 안 하면서 명령만 내리는 아버지를 향해 속으로 '당신이나 잘하세요.'라며 원망스러운 마음을 담고 있었다. 하지만 학교에서 친구들과 엄마가 싸준 도시락을 먹는 점심시간은 즐거웠다. 반찬도 나누어 먹고 온갖 이야기꽃을 피우며 밥을 먹었다. 학교생활 중 가장 즐거운 시간이었다.

요즘 아이들도 마찬가지다. 아침부터 배고프다며 오늘의 식단을 확인한다. 좋아하는 메뉴가 있는 날은 급식 시간을 얼마나 기다리는지 모른다. 그런데, 너무 빨리 먹는다.

도시락을 싸다니지 않아도 되는 학교 급식은 학급수가 많은 경우, 늘 줄이 길다. 오래 기다려 겨우 앉으면 또 얼른 자리를 비워줘야 다음 학년이 들어와 식사할 수 있다. 음식을 꼭꼭 오래 씹고, 맛을 즐기고, 친구와 대화하며 밥을 먹을 시간이 없다. 거의 쑤셔 넣다시피 먹는다. 빨리 먹어야 아이들은 그 시간을 쪼개서 축구도 하고 친구들과 놀 수 있다. 선생님도 바쁘다. 편식하지 않게 지도하고 30명에 가까운 아이들 급식을 살피며 밥을 먹기가 늘 힘들다.

서로에게 다가갈 수 있고 정을 쌓을 수 있는 시간이 함께 먹는 시간이다. 그래서 같이 밥 먹는 사이로 가까운 관계를 정의하기도 한다. 아무 말 없이 불편하게 먹어야 한다면 진수성찬도 체할 뿐이다. 더군다나 요즘엔 함께 밥을 먹으면서도 각자 핸드폰을 본다. 새로운 현상이다. 대화도 문자로 주고받는다. 얼굴을 마주 보고 듣고 말하는 대화는 점점 줄어든다. 가족과 따뜻한 아침을 먹으며 하루를 시작하고, 맛있게 저녁 식사하며 각자의 하루를 충분히 이야기한다면 그 아이의 생활도 안정감이 있을 것이다. 혼자서 적당히 때우는 식사와는 차이가 있다. 학교에서도 여유 있게 선생님과 친구들과 함께 대화도 나누며 천천히 점심을 먹을 수 있으면 좋겠다.

먹은 걸로 뭘 만드나요?

조르바는 먹을 때는 마음이 음식이 되고, 탄광 앞에서는 마음이 탄광이 되며 여인과 사랑할 때는 온전히 그 마음을 여인에게 집중한다. 그와 함께하는 식사는 크레타섬 여인숙의 오르탕스 부인(마을 사람들은 늙은 닭이라고 놀렸던) 마음을 열게 했다. 그녀는 찬란했던 시절을 풀어낸다. 조르바와 두목이 귀기울여 듣는 동안 오르탕스 부인은 퇴물 카바레 여인이 아니라 아름다운 아프로디테 여인이 된다.

조르바는 먹는 음식으로 뭘 하는가에 따라 인간을 세 가지 부류로 나눌 수 있다고 말한다. '먹은 음식으로 비계와 똥을 만드는 사람', '일과 좋은 기분을 만드는 사람', '신을 만들어 내는 사람'. 자신은 최악도 최선의 인간도 아니니 먹은 걸로 기분 좋게 일하고 즐거운 분위기를 만든다고 말한다. 학교의 아이들은 먹은 걸로 뭘 만들까? 유쾌한 웃음과 지적 호기심을 키우는 에너지가 되는 급식 시간, 아이들이 충분히 즐기며 먹을 수 있는 시간과 공간이 되면 좋겠다.

조르바의 말은 유머가 있고, 살냄새 흙냄새 나는 인간의 이야기로 가득하다. 조르바와 함께 먹고 마시며 두목은 '처음으로 먹는다는 게 얼마나 즐거운 것인가'를 깨달았다. 조르바는 자신을 드러내는데 거침없는 푸짐한 입을 가졌고, 두목은 조르바의 이야기를 온몸으로 듣는다. 삶에 필요한 건 온전히 그 시간을 즐기며 대화하는 조르바와 두목의 단순하고 소박한 저녁 밥상이다. 충분히 듣고 충분히 말할 수 있는 시간이 쌓이면서 내 생각을 키우고, 상대를 이해하며, 나와 다른 타인에 대한 연민과 공감도 배운다. 핸드폰을 내려놓고, 지금 내 앞의 요리에 집중하고 내 앞에 있는 사람의 이야기를 들어보자. 두목처럼 속으로 말해 본다.

'이야기해. 뭐든지 이야기해!'

'콘크리트 유토피아'

ΙΙΙΙΙΙΙΙΙΙΙΙΙΙΙΙΙΙΙΙΙΙΙΙΙΙΙΙ

건물주가 꿈인 세상

'조물주 위에 건물주'라는 말이 나올 만큼 한국은 부동산과 집에 대한 집착이 강하다. 집값은 부와 계급을 나눈다. 한국 MZ세대에게 미래에 대한 고민을 조사한 결과는 다음과 같다. 주택 마련(41.6%), 본인 또는 가족의 건강(15.5%), 취업(14.9%), 출산 육아(10.1%), 결혼(4.7%). 청년의 열에 여덟은 세입자로 사는데, 치솟는 집값으로 평생 월세로 살아야 하는 렌트 제네레이션(Rent Generation)이 많아진다고 한다. 즉, 자신의 노동을 통해 자아실현을 하고 내 집을 마련하기 어려운 사회가 되고 있다.

영화, 「콘크리트 유토피아」. 대지진으로 완전히 폐허가 된

서울에 오로지 '황궁 아파트'만 무너지지 않았다. 극한의 추위 속에서 생존자들은 황궁 아파트로 들어오려 한다. 처음에는 잘 곳을 내어주고 먹을 것을 나누었지만, 지옥 같은 현실에서 황궁 아파트 입주민은 점차 외부인을 병균 같은 존재 '바퀴벌레'로 여긴다. 영화는 생존을 위해 이기적 공동체를 선택한 황궁 유토피아가 어떻게 붕괴하는지 보여준다. 외부인을 철저히 혐오하고 구분하는 황궁 아파트는 유토피아가 아니라 나와 가족의 생존을 위해 타인을 무참히 살인하고 합리화하는 부조리 현장이었다. 자랑하기 위한 넓고 부유한 집. 그러나 지나치면 몸 누일 집이 주는 안락함을 잊기 쉽다. 콘크리트 건물 자체가 유토피아가 될 수 없다.

학교 아이들과 같은 동네에 살다 보니

"이거 진짜 우리 집이야? 이 집에서 맨날, 맨날 사는 거야?"

어린 딸이 팔짝팔짝 뛰며 좋아했다.

신혼을 10평 자취하던 곳에서 시작해서, 17평 공무원 임대아파트를 거쳐서 갖게 된 26평 집. 아이 업고 무거운 짐을 들고 계단을 오르내리다가 드디어 엘리베이터가 있는 곳으로 이사했다. 마치 모텔방에서 살다가 특급 호텔에서 살게 된 것 같았다. 2000년, 새로운 세상이 열린다고 세상이 시끌벅적할 때 이사 와서 지금껏 살고 있다.

 교사라는 직업이 알려지는 게 불편해서 집에서 먼 학교로 출퇴근하다가, 요즘은 걸어서 다닐 수 있는 동네 학교에 근무한다. 그러다 보니 시장이나 길거리에서 자주 아이들을 만난다. 영어를 학교에서 처음 배우는 3학년 아이들은 전담 선생님을 처음 경험한다. 담임과 함께 공부하던 교실이 아닌 다른 교실에서 만나는 영어 선생님에게 호기심이 많다. 새로운 언어를 만나는 매시간이 신기하고 즐겁다. 시장을 가면 멀리서 높고 큰 소리가 들려온다.

"헬로우~ 잉글리쉬 티처~~~!"

 얼굴도 안 보이는데, 반갑다고 인사를 한다. 그러면 나는 소리 나는 방향을 향해 손을 크게 흔들어 주곤 한다.

 5~6학년은 가볍게 인사하기도 하고 쑥스러워도 한다. 얼굴이 마주치면 서로 환하게 웃으며 지나친다. 건널목에서 우연히 만나 "어, 영어 선생님?"하고 말을 걸기도 한다. 하루는 아파트 단지 내에서 친구와 가볍게 걷고 있는데 멀리서 나를 부르는 소리가 들렸다.

"황! 지! 현~!!! 황! 지~! 현~!!!"

저 멀리 고층에서 들여오는 소리. 귀에 익은 6학년 장난꾸러기 목소리다. 아파트가 울리게 큰 소리로 교사의 이름을 마구 부른다.

"어이~ 황!~~지!~~현~~!!!"

옆에 있는 친구가 물었다.

"어찌 선생님 이름을 저리 함부로 부르노?"

"내가 좋다면서 저래요. 못살아요. 동네 창피하게…"

다음 날 그 아이를 불러서 왜 '선생님'도 붙이지 않고 그렇게 이름을 불렀냐고 물어보니 너무 반가워서 그랬다고 한다. 선생님이 워낙 요란한 옷을 입고 다니니 멀리서도 눈에 띠나 보다. 아파트 단지가 울리게 멀리서 그렇게 크게 부르는 것은 함께 사는 공간에 피해가 되며, 선생님 호칭은 예의 갖춰 불러야 한다고 말했다.

"넵, 다음부턴 선생님을 붙여서 부르겠습니다!" 장난스레 대답한다.

며칠 뒤, 시장 상가에서 반찬을 사고 있는데…

"와~~ 황! 지! 현! 선생님~! 반찬 산다."

상가가 울리게 몇 번을 소리치는 이 녀석. 이 동네에서 거의 30년 살고 있으면서도 내가 교사인 걸 몰랐던 가게 주인들은 '아? 우리 동네 학교 선생님이었어요?'하는 표정을 짓는다. 아이들 몇 명이 분식을 사 먹고 있었다. 창피하고 우습기도 한 이 상황. 아이들에게 다가가서 좀 작은 목소리로 인사하라고 당부하며 먹고 싶어 하는 떡볶이와 간식비를 미리 계산했다. 돌아서서 가는데…

"선생님, 감사합니다. 내일 영어 시간은 진짜 말 잘 들을게요!!!"

또 큰소리로 고함을 친다. 상가 주인들이 웃는다. 아이고~~! 이 귀여운 녀석들을 우찌할꼬.

Home Sweet Home

첫 집. 신혼을 시작했던 작고 답답했던 집에서 바라보면 부럽기만 했던 아파트로 이사했다. 그렇게 멋져 보이던 집이 차츰 좁고 낡은 아파트처럼 느껴졌다. 친구들은 더 넓은 신축 아파트로 이사 가는데, 지하 주차장도 없는 초창기 옛날 아파트가 부끄럽기도 했다. 하지만, 나는 이사 가지 못했고 지금은 안 간다. 큰 방 책상에 앉아 창문을 보면 뒷산의 자연이 바로 보인다. 오래된 우리 아파트는 작고 아담한 산을 뒷마당으로 가지고 있고, 단지 안에도 사계절을 즐길 수 있는 아름드리 나무와 다양한 꽃들과 새가 있다. 아파트의 역사만큼 자란 각양각색의 나무와 꽃들로 일 년 내내 자연 속에서 살고 있다.

'인법지, 지법천, 천법도, 도법자연(人法地, 地法天, 天法道, 道法自然). 사람은 땅을 본받고 배우고, 땅은 하늘을 본받고, 하늘은 도를 본받고, 도는 자연을 본받는다. 자연이 기본이다.' 노자의 『도덕경』에 나오는 구절이다. 인간의 정체성이 땅에서 온다는 것이다. 이때 땅이 넓고 비싼 집을 뜻하는 바는 아닐 것이다. 땅에는 동물, 식물, 햇빛, 물, 공기 등의 자연이 어우러져 있다. 그 자연스러움, 조화를 이루며 사는 것이 우리의 삶이다. 더 높고 넓고 비싼 아파트 대신, 조금 오래되어도 자연을 닮은 집이 많아지면 좋겠다. 집 마련이 인생의 고민이자 고통인 세상에서 조금만 다른 곳을 바라보면, 살만한 작은 집이 있을 수도 있다. 이 세상에서 하나밖에 없는 집. 가족의 역사가 되어 가는 오래된 집에서 살아가는 것도 나름 괜찮다.

그만둘 결심, 거품을 걷고 나 자신으로 살기

||||||||||||||||||||||||||||||||||||||||||||||||||||||||||||||||||||||

아줌마 가장의 결심

작년 12월에 수석 교사 모임에서 이렇게 말했다.

"저, 내년에 명퇴할래요."

모임에서 제일 어리고 활동도 열심이던 나의 선언에 다들 황당하다는 표정을 지었다.

안타까운 마음을 전하며 한 선배가 말했다.

"나를 설득할 수 있는 이유 10가지만 말해 봐."

손가락을 한 개씩 접어가며 왜 그만둘 생각을 하게 되었는지 이야기했다.

하나, 이 건강으로 버티기 힘들어요.

둘, 갈수록 힘들어지는 아이들을 미워할까 두려워요.

셋, 소고기도 아닌데 해마다 등급 받는 게 피곤해요.

넷, 내년에 아들 대학 졸업하면 자녀 부양은 끝나요.

다섯, 하고 싶은 거 하며 살고 싶어요.

내가 줄줄 말하자, 선배가 다시 물었다.

"그래서 뭐 하고 싶은데?"

"지금부터 찾아보려고요."

신랑의 직업이 안정적이지 않아 스스로 '아줌마 가장'이라 불렀다. 정년까지 버틸 거라 장담했는데 생각이 바뀌었다.

당신은 B등급입니다

몸이 아파 응급실을 들락거리고 온갖 검진을 다 받아도 증상이 나아지지 않아 마지막으로 간 곳은 신경정신과였다. 한 2년 정도 다녔다. 그리고 매해 서너 달씩 다닌 지가 몇 년째다. 좀 나아졌다가도 일이 많아지거나 신경 쓰이는 일이 생기면 어김없이 이상 증상들이 몰려온다. 이런 나에게 의사는 중요한 결심이 필요하다는 듯이 조언했다.

"다르게 살아야 합니다."

다르게 살아 보려 무던히 노력했다. 저녁 회식이나 모임도 거의 나가지 않았고 외부 강의나 컨설팅도 대부분 거절했다. 규칙적인 일상을 유지하고 저녁 9시가 넘으면 핸드폰도 무음 처리하고 일찍 잔다.

하지만, 학교에서 근무하고 수석교사로 있는 이상 기본 일은 늘 있다. 매년 실적 보고서로 업적을 증명하고, 동료들로부터 만족도 조사를 받는다. 한우도 아닌데 해마다 나의 활동에 등급이 매겨진다. S등급(상위), A등급(보통), B등급(하위), 등급으로 성과급을 받는다.

'당신은 B등급입니다.'

만 55살이 되면 원로 교사가 된다. 34년간 근무한 원로 교사로 존중받아야 할 것 같은데, 해마다 이런 등급을 받으면 반나절은 기분이 별로다. 교장도 교감도 교사도 성과급 시즌이면 다 비슷하다. 다 같이 고생하는데 해마다 등급으로 교사의 존재를 결정하는 시스템이 불편하다. 교사 스스로 자신의 수업을 성찰하고 서로의 수업을 피드백하며 함께 배우는 현장이 아니라 모든 활동을 점수화하고 서로 비교하는 평가는 교육의 질이나 아이들과의 관계를 나아지게 하지 않았다. 해가 갈수록 점점 아픈 교사가 늘어가는 것을 보면, 성과급으로 교육의 문제가 해결되지는 않을 것 같다.

오늘도 명퇴 도우미와 한판 대결을 겨루다

내가 자랐던 70~80년대는 "네가 하고 싶은 거 도전해 봐."라고 여자 어린이에게 말해 주지 않았다. 공부 착실하게 해서 안전하고 사회적으로 인정받는 공무원 여교사가 되는 길 외 다른 길은 생각해보지 않았다. 인정받는 훌륭한 선생님이 되고 싶었고, 유능한 수석으로 모범이 되고 싶었다. 34년 정도 세월을 거치면 베테랑이 되어 있어야 한다. 그런데 늘 어렵고 새롭다.

오늘도 영어책, 공책, 필기구 하나 없이 맨몸으로 교실을 들어오는 6학년 주리.

"영어책은?"

"잃어버렸는데요."

"공책과 연필은?"

"없는데요."

"교실에 가서 가져올래?"

"저는 원래 안 가지고 다녀요. 선생님 거 써요."

학교에 공책도 연필 한 자루도 가져오지 않는다는 주리. 영어교실에는 여분의 책, 노트, 필기구는 항상 준비되어 있다.

웃으며 빌려주고 다음에 잘 챙겨오라고 부탁하면 대부분은 다음 시간에 책, 공책, 필기구를 준비해 오려 노력한다. 하지만, 주리는 일 년이 다 되도록 맨몸으로 온다. 어쩌다 가져오는 책은 거의 다 찢겨 있다. 절대 공책과 연필은 가져오지 않는다. 원래 안 가지고 다니니, 가져올 수가 없단다.

주리는 수업이 시작하면 큰소리로 하품부터 하고, 화장실 간다고 나가서는 10~20분이 지나야 돌아온다. 왜 이렇게 늦게 오냐고 물어보면, 오는 길에 배가 아파 보건실에 들렀다고 하거나 목이 말라 급식소 가서 물먹고 왔다고 한다.

"아, 그랬구나! 어디 많이 아프니? 화장실은 쉬는 시간에 가면 좋겠네. 오늘 못 한 수업 과제는 해야 하니까 남아서 선생님과 공부 조금만 하고 가."

이때부터 명퇴 도우미(교사가 명예퇴직을 선택하게 할 만큼 힘들게 하는 아이)와 한판 대결이 시작된다.

"뭐라고 했어요?"

"늦게 와서 못 한 쓰기는 해야 하니까 남으라고 했어."

"왜요? 싫은데요?"

"오늘 배워야 할 공부는 마쳐야 해."

"아~ 짜증 나."

남은 수업 시간 내내 옆과 앞뒤의 친구에게 말을 걸고 장난 치며 수업 진행을 방해한다.

"주리야, 지금 하는 활동도 안 하면 해야 할 과제가 더 늘어 나는데?"

"어차피 남아야 하는데요, 뭘. 안 할래요. 남아서 할게요."

교실로 돌아가 공부하는 것도 귀찮으니 오히려 잘 됐다며 한 바탕 난리를 피운다. 10분이면 할 과제를 끝내 60분에 걸쳐 서 한다.

"몇 쪽이에요? 어디에 써요? 연필 주세요."

"아까 빌려줬잖아?"

"없어요. 어디 갔는지 몰라요. 칠판에 있는 마커펜으로 써 도 돼요?"

칠판에 있는 교사용 두꺼운 마커펜으로 종이에 알파벳 하 나를 크게 써 놓은 주리. 하는 수 없이 다시 연필과 새 종이 를 준다.

"이거 하면 뭐 주실래요? 뭐라도 사 주면 할게요. 이거 진짜 꼭 해야 해요?"

잠시도 안 쉬고 같은 말을 반복한다. 그 시간에 쓰면 될 텐 데….

"아~~ 생각은 해야 하는 거 알겠는데…. 팔에 힘이 없어요. 몸이 말을 안 들어요."

온몸을 축 늘어뜨리고 책상에 엎드린다.

"그럼, 뭘 하고 싶니?"

"게임요, 하루 종일 게임만 하고 싶어요. 수업 시간에 게임 하게 해주면 말 잘 들을게요."

내내 과제를 안 하고 버티더니 점심시간이 다가오자, 10분 만에 마치고 교실 밖으로 나간다. 뛰어가는 주리에게 다음 시간은 바르게 행동하라고 부탁해 본다. 주리는 이제 곧 졸업이라 선생님과 공부할 시간도 얼마 안 되는데, 뭘 약속하냐며 됐다고 한다.

"다음 시간에는 좀 잘해 보자~" 진심을 담아 한 번 더 전해 본다.

"아~ 예~~예~~"

사슴같이 맑은 눈을 크게 뜨고 대충대충 대답하며 저 멀리 가는 주리.

'아, 이 아이도 아프구나.'

삐에로는 웃고 있지만

학교에서 일어나는 갈등과 자잘한 사고. 모두가 자신이 억울하다고 자기 이야기를 먼저 들어달라고 한다. 한 명, 한 명에 집중하면 이해되고 마음이 아픈 경우도 많다. 가정에서부터 이어온 문제도 있고, 아직 배려하고 협력하는 사회성을 배우는 과정의 아이들이 겪는 당연한 갈등도 있다. 이 아이를 따뜻하게, 안전하게 보듬어 주는 곳이 학교와 교사다. 그런데 언젠가부터는 힘든 아이 뒤에 더 힘든 학부모가 있다. 끊임없이 전화하고 민원을 제기하고 협박하는 학부모로 신경정신과를 다니거나 병가를 내고 쉬는 교사의 이야기가 흔한 일이 되어 버렸다. 교사의 말 한마디, 한마디에 시비를 가리려 하고, 아이의 잘못된 행동은 모두 교사 책임이라고 탓하는 학부모에게 교사의 진심은 전해지지 않는다. 학부모가 교사를 신뢰하지 않는데, 아이는 선생님을 존경하고 수업에 즐겁게 참여할 수 있을까. 웃고 있지만, 인기도 없는 무대 위에서 아픔을 감추며 서 있는 삐에로처럼 버티다가 선생님은 아프다.

김승섭은 『아픔이 길이 되려면』에서 '우울증 유병률이 가장 높은 집단은 학교 폭력을 경험하고 누구에게도 도움을 요청하지 않았던 경우'라고 한다. 아무에게도 말하지 못하고 혼자서 감당하는 학생들이 가장 힘들다는 것이다. 교사도 마찬가지다. 선생님이니까. 모범이 되어야 하고, 참아야 한다. 교사의 몸에도 상처가 쌓인다. 특히, MZ세대 젊은 선생님은 자신의 고통을 잘 드러내지 못한다. 교실 안에서 혼자서 감당하려 한다. 곪고 곪아서 감당하지 못할 때가 될 때까지 참고 또 참는다. 드러내지 못하고 온몸에 상처를 새긴 교사는 아프다. 작가는 이러한 상처를 회복하기 위해서 공동체의 역할을 강조한다. '개인이 맞닥뜨린 위기에 함께 대응하는 공동체, 타인의 슬픔에 깊게 공감하고 행동하는 공동체'의 역할이 중요하다는 것이다.

악성 민원이나 학교 폭력 사안은 겪지 않으면 좋겠지만, 한 번씩 거치게 되는 통과의례 같다. 교사가 힘들고 고통스러울 때 그 고비를 조금 더 현명하게, 편안하게 넘을 수 있는 길은 김승섭 작가의 말처럼, 혼자가 아니어야 한다. 당신의 잘못이 아니라고 말해 줄 수 있는 동료 교사, 선생님 수업이 즐겁고 좋다는 아이들, 교사를 신뢰하는 학부모가 함께여야 한다. 피해 주고 걱정 끼칠까 봐, 학급 일도 해결 못 하는 것이 창피하고 수치스러워서 교실 안에서 외롭게 삭히다가 문제가 커지고 마음의 병을 얻는다. 교실 문을 열고 나와서 알리고 나누면서 해결해 가는 과정에서 성숙해지고 배움이 깊어지기도 한다.

마음 근육도 조금씩 단련되면서 견뎌진다. "벌써 마쳐요? 시간이 너무 빨리 가요. 감사합니다."라고 말하는 아이들의 반짝이는 눈동자로 하루를 버틸 수 있다.

멈출 결심, 아파도 즐겁고 힘들어도 사는 맛을 찾아

하루에 8시간 이상을 지내는 학교가 삶의 전부인 것처럼 살았지만, 또 다른 나의 삶이 그 속에 있었다. 새로운 도전 거리를 늘 찾았다. 영어 공부에 열을 올려 도전하고 유학을 떠나기도 했고, 각종 연구대회에 참가해 나의 능력을 인정받고 뿌듯해하며 잘나가던 시절도 있었다. 수석이 되면서 강의와 컨설팅을 하고 책임감과 보람을 느끼며 연구하고 배우고 나누며 지냈다. 그러나 건강이 안 좋아지면서 점점 강의와 컨설팅이 부담되고 수업할 체력도 안 될 만큼 힘들어지는 시간이 내게 왔다.

퇴직 후 주어진 외로운 시간을 어떻게 지낼까. 정년에 퇴직한다고 경제적 불안과 홀로서야 하는 두려움이 상쇄되지 않는다. 평생 교사로 지낼 것도 아닌데 그 외의 삶은 없는 것처럼 우물 안에서 살았다. 몸도 아픈데, 집에 혼자 있으면 더 아프다며 정년까지 버티라는 조언을 듣는다. 다들 벌써 퇴직해서 뭐 할 거냐고 묻는다. 갑자기 주어지는 일상. 친구들은 직장에서 일할 그 시간에 새로운 세상을 만나는 건 설레는 일이 아닌가. 학교를 떠난다고 나의 경력이나 지금껏 공부해왔던 것이 없어지는 것도 아니다. 좀 더 넓은 세상에서 다양한 책을 읽고 나누며 삶과 교육을 바라보고 이야기할 수도 있지 않을까.

  신영복 선생님의 『담론』은 '석과불식(碩果不食)' 이야기로 마지막 장을 맺는다. 초겨울 가지 끝에 있는 최후의 '씨과실(碩果)'은 먹는 것이 아니라 씨로 받아 땅에 심는다는 뜻으로 나무의 세 단계를 인생에 비유해 설명한다. 겨울을 견디고 새봄의 싹을 틔우기 위해서 나무는 먼저 '엽락(葉落)', 잎사귀를 떨어뜨린다. 작가는 이를 삶의 '환상과 거품을 청산'하는 과정으로 본다. 다음 과정인 '체로(體露)'는 잎사귀가 떨어지고 나타나는 나무의 본질, 몸체를 말한다. 냉정하게 자신의 근본 뼈대를 직시하는 시간이다. 마지막으로 '분본(糞本)'은 뿌리에 거름하는 것이다. '엽락'한 나무 잎사귀로 뿌리를 따뜻하게 거름하며 스스로 다시 키워낼 힘을 기르는 시기이다. '석과불식'은 한 알의 작은 씨과실이 새봄의 싹이 되고 나무가 되고 숲이 되는 여정을 말한다.

해마다 12월이 되면 한해를 돌아보고, 새해 결심을 하곤 한다. 후회와 결심만 반복하며 정신없이 살았다. 홀로서는 '엽락, 체로, 본분'의 시간을 가져 보는 것, 거품을 걷고 나 자신으로 살아가려는 도전은 늦지 않았다. 공무원 친구, 가족과 직장이 전부인 세상에서 한걸음 나아가 새로운 벗을 만나고 함께 배우고 공부하는 삶. 자신의 근본 뼈대로 살아가야 할 시간이다. 골골거려도 지혜를 나누며 타인의 시선을 의식하지 않고 살 수 있다면, 아파도 즐겁고 힘들어도 사는 맛이 나지 않을까.

니코스 카잔차키스의 묘비명, '나는 아무것도 바라지 않는다. 나는 아무것도 두려워하지 않는다. 나는 자유다.'를 외워 본다.

그리고, 스스로에게 말해 본다.

"네가 하고 싶은 거 도전해 봐."

- 꾸러기 이야기 -

2003년. 대학원을 다니며 미국 유학을 준비하던 해다. 43명의 5학년 아이들과 호흡이 잘 맞아서 출근하는 길이 즐거웠다. 운동도 잘하고 공부도 잘하고 뭐든지 다 우리 반이 잘하는 것 같았다.

실제로 반별 대항 축구 시합에서 1등 하고, 씨름도 1등 했다. 얼마나 응원을 열심히 했는지 모른다. 5학년 아이들의 씨름인데도 다이내믹했다. 학급 대표가 한판씩 이기고 질 때마다 환호를 지르며 가슴 졸였던 기억이 난다. 아이들의 미술 작품 하나하나가 소중해서 활동 결과를 교실에 전시했다. 미술전시관처럼 분기별로 새롭게 단장했는데, 손재주가 있던 아이들은 남아서 도와주었다. 우리 교실을 어떻게 꾸밀까? 아이들은 궁금해하고 자랑스러워했다.

추운 날, 더운 날 가리지 않고 점심시간이면 운동장에서 땀을 흘리며 놀이를 하던 아이들이 스승의 날 선생님을 위해 깜짝파티를 준비해 놓고 기다렸다. 43명의 아이들이 내 생일 파티를 해주는 것 같았다. 그 마음이 참 고마웠다. 영어 전담 없이 담임이 직접 영어 교과를 가르쳤던 해라 아이들에게 영어를 정말 열심히 가르쳤다. 나처럼 포기하지 않길 바라며, 아침 활동이나 여유 시간이 나면 영어 단어도 외우고 영어 노래를 같이 부르곤 했다. 우리 반 아이들을 데리고 영어 수업 공개도 몇 번 했다. 다른 학교 선생님들과 교내의 많은 선생님 앞에서 수업할 때 아이들은 긴장해서 벌벌 떨었다. 수업 마치고 모두가 뿌듯해했었다.

시험을 치고 나면, 성적이 많이 올랐던 친구들은 선생님 집으로 초대해서 하루 동안 맛있는 거 먹고 함께 뒷산 가서 놀았던 시간도 있었다. 선생님 집에 가기 위해 아이들이 기를 쓰며 열심히 공부했던 순간들도 떠오른다. 노는 것도 공부도 운동도 예술 활동도 참 많이 하고 즐거웠던 한 해다.

 일 년을 마치고 6학년 된다고 들떠 있는 아이들을 보며, 헤어지기 싫었다. 요대로 계속 1년 더 가르치고 싶었다. 아쉽고 서운한 마음에 6학년 영어 전담으로 이 아이들과 일 년 더 보냈다. 이 아이들로 인해 설레고 행복했다. 내가 받은 사랑이 참 컸다. 오래도록 교직 생활을 하며 늘 돌려보는 한 해이다. 이런 추억을 쌓아 왔다는 사실을 새삼 깨닫는다.

 33살이 되었을 이 아이들은 지금 뭘 하고 있을까?

 그 시절 아이들과 즐겁게 불렀던 우리 반가, 숫자 동요 노래를 불러본다.

1! 일 초라도 안 보이면

2! 이렇게 초조한데

3! 삼 초는 어떻게 기다려~ 이야 이야 이야 이야

4! 사랑해, 널 사랑해

5! 오늘은 말할 거야

6! 육십억 지구에서 널 만난 건

7! Lucky야

사랑해, 요리조리 한눈팔지 말고 나를 봐

좋아해, 나를 향해 웃는 미소 매일매일 보여줘

8! 팔딱팔딱 뛰는 가슴

9! 구해줘, 오 내 마음

10! 10년이 가도 너를 사랑해

언제나 이 맘 변치 않을게

우리반 10대 뉴우스

우리반의 10대 뉴스... 시작하도록 할께요~! 우ㄸ ㄸ ㄸ 🎵

1위로 뽑힌 소식! 우리반 친구들이 스승의 날에 선생님의 깜짝파티를 위해서
아침일찍부터 준비했던 것이 생각나 뽑혀군요..
"선생님... 사랑♥ 해요 !!!"

2위...우리반 친구들이 처음으로 만나게 되었던 것.
2학년로 뽑히게 되었네요... 그때는 낯설어 서먹함이 많았던 우리친구들의 모습이
생각납니다. 반갑다...

다음 3.3.3위! 우리반 남자친구들이 노력한 성과로 얻은 결과... 우리반이
축구 1등 했어요... ㅊㅋㅋ!!! 빠라빠라 바라 밤 !!

다음으로는 4위! 우정을 서로 확인해요했었던 빼빼로 데이!!
그 날은 아침부터 서로 빼빼로를 나눔과 끌벅적

그럼 이번에는 5위로 넘어가볼까요?! 어디보자.. 음!
운동회를 했었던 것이 기억에 남는답니다. 함성소리 속에서 절쳐 겼던
운동회... 뜨거운 함성 아래. - 아 ~!!

자 그럼 이제 몇~은 6위로 넘어갑니다 에서! 에서!
뭐죠..친구들이 반방님쪽 방문해봤으면 것이 기억에 남습니다... 그럭 또 ... ㅎㅎ
하이 늘어도 참 귀여웠어요... 그죠?

자 그럼 이번에는 7위!
가을 현장학습 !!! 목화색빼지도 가보고 또 어디 갔더라? 응... 어잇 모르겠다.. 아무튼
즐거웠어요 ...!

8위!! 예쁜 게시판...우리반 뒤 환경목 예쁘게
아름답게! 꾸미기 위하여 반선님을 도왔던 것 ...우와..너u 예뻐!
"실제로는 더
예뻐답니다."
합니다~

자~! 그럼 10위 보갰죠?! 어!!! 안타깝게도 10위는 없는데요...
하지만 서운해하지 마시라~ ! ^ ! !
순위에 들어가지 못했거만 다른 뉴우스 무이 있답니다.

무선 첫번째!! !
우리반이 서울 1등 하갰다네요! 뭐요~! 우리반 남자친구들은
축구 1등... 씨름도 1등... "대단하네요,, ~ "오,,
~

다음 2번째... Second!
○○를 괴롭혀서 선생님께 꾸중 들은 것! 비록 좋은 일은 아니지만... "

이제는 ○○가 따돌림을 받지 않아 평화(?) 롭네요...

"○○야! 미안해~! ,,

세번째!! !
소목패 ○○가 허리를 약간 다쳤나벼요... 물갔는데...   아야...
어부른 괜찮니?? 어우디스크!! !

다음... 네번째!
과학 시간에 ... "에꺼꺼.. 더러워라,, 이 화면을 보고 많은 버엄(?)을
났죠.. 콜론의 ○○가 나오는 것이 아니까!!! 에구머니나!! !
예구...아니나 다섯벗재! 과학동산을 해보았던 것이 기억이 남는 답니다
"과학 동안사 내 몸속에서 과학의 피가 흐른지!! 응응,, 응 ,, sss
이거 여섯번째!
체력장... 잘하사람 에게는 좋은 추억 ... 하지만... "힘나세요!! ,,

일곱번째입니닷! 공개수업. 우리반 선생님, 우리 반은 English 짱!! 그럼 최고

A F G H
음

미막막 이네요 ... 여듦번째!
누만사간에 ○○○모 배가 드자에서 넘어졌다네요.
그날의 웃음거리 ○○○모씨! 大구 합니다.

우리나라 10대 뉴우스

지금부터 우리나라 10대 뉴스를 시작 하겠습니다. 땡땡땡
1위로 뽑힌 소식은요...
흑흑흑 ... 남중생이 어머니의 생신과 함께 6개월 동안 지낸 사연이랍니다.
얼마나 효심이 지극한지... 눈물이 날 것 같네요. 여러분도 효자 효녀 되세요.

다음 2위는요...
"앗 싸" 이승엽 선수 아시아 최다 홈런 기록을 세웠군요. 대단합니다 대단해.
자랑스럽군요.

3위는 뭘까요?
야구라면 배추값이 똥값이고 ... 뭔가 예사롭지 않은데 ...
정전이 되고, 동, 식물, 공장 (많은건물) 들이 지혜없고 짜괴되었는데요 ...
정말 눈코속도 뜰수 없었던 태풍 매미 사건 (한번도 강타) 정말 기억에
자꾸자꾸 남았요.

4위는요 ㅠ(?ㄱㄱ)
대형견 말라뮤트가 유치원생 공격하다 그만... 사망을 했어 뭐야... ㅠ・ㅠ
개때문에 사람이 죽었다는 사건. 놀랍고도,, 슬프고 안타까움 일이네요.
이놈의 개가 사람을   욕은 남기고

5위!
또 이런일이 ...   (음주 운전(?))
조랑말을 타던 아저씨 술 먹고 말몰다가 경찰에 붙잡혔다는데...
혹시... 음주운전하면 경찰이 술먹고 말로 못쫓나? (엄이 석마)
차가 없었나.

6위 ...
우리나라 일은 아니라도
이라크와 미국간의 전쟁은 아니었고
또 테러사건도
정말 우시 우시 했답니다.

7위 ....
그러니가 그 대통령 재선임 사건 ...
꼬박 대그셨을 까만?
지금도 잘하고 있는데... 맞습니다 맞고요.

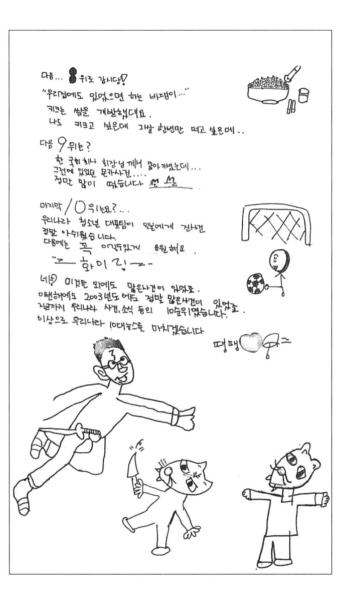

다음... 🍲 위로 갑시당♪
"우리집에도 있었으면 하는 바램이..."
키크는 쌀은 개방했대요.
나도 키크고 싶은데 그쌀 한번만 먹고 싶은데..

다음 9위는?
한 국회의나 회장님께서 몰아개셨는데...
그전에 있었던 몬카사건....
정말 많이 떴습니다 ㅆㅁ

마지막 10위는요?...
우리나라 청소년 대표팀이 일본에게 진거건
정말 아쉬웠습니다.
다음에는 꼭 이겨주었게 응원해요.
- 화이링 -

너무 이것들 외에도 많은사건이 있었죠.
이번해에도 2003년도 에도 정말 많은사건이 있었죠.
지금까지 우리나라 사건, 소식 등의 10순위였습니다.
이상으로 우리나라 10대뉴스를 마치겠습니다

땡땡♥

부록

선생님의 보통 일상,

바람 불어도 좋은 날입니다

아내의 바람, 각자 또 함께 서로의 안녕을 바랍니다
IIIIIIIIIIIIIIIIIIIIIIIIIIIIIIIIIIIIIIIIIIIIIIIIIIIIIIIIIIIIIIIIIIIIIIIIIIIIII

외계인, 차라리 벽을 보고 이야기할까?

사람이 온다는 건

실은 어마어마한 일이다.

그는

그의 과거와

현재와

그리고

그의 미래와 함께 오기 때문이다.

한 사람의 일생이 오기 때문이다.

부서지기 쉬운

그래서 부서지기도 했을

마음이 오는 것이다—

…

정현종, 『섬』, 「방문객」 중에서

한 사람을 배우자로 만나 같이 산다는 것은 정현종의 시 「방문객」처럼 어마어마한 일이었다.

신혼 시절, 남편이 샤워하고 나온 욕실을 보고 놀랐다. 어떻게 목욕했는지 비누 거품은 요란하게 벽에 남아있고, 때수건은 거품이 묻은 채로 바닥에, 땟물과 거품이 범벅인 세숫대야가 바닥에 그대로 있었다. 아! 더러워서 토할 것 같았다.

남편이 청소하는 모습을 보면 더 기가 찼다. 방바닥에 널려있는 책이나 물건들을 피해 사이 사이로 청소했다.

"당신, 묘기 보여주는 거야?"

"왜?"

"바닥의 책이랑 물건을 피해 청소하기 힘들 텐데, 먼저 정리하고 청소기 돌리는 게 어때?"

"뭘, 좀 있으면 다 방바닥으로 내려올 텐데 귀찮게…"

이 남자는 다른 세계에서 살다 온 외계인 같았다.

여름이 한참 지난 어느 날.

"선풍기 씻어서 넣어 줘."

"그래, 나중에."

이 대화를 몇 번이나 했는지 모르겠다. '나중에, 나중에'라며 미루다가 다음 여름이 올 판이었다. 참다 참다가 내가 나사를 다 풀어 3개의 선풍기를 씻었다. 그리고 해체된 선풍기를 거실에 쫙 펴서 전시했다. 이렇게 해두면 '미안해하겠지?' 신랑이 조립해서 넣을 것이라고 기대했지만, 개뿔.

그 선풍기 조각들 사이로 요리조리 다니는 신랑. 조립을 기다리는 선풍기가 거실 바닥에 며칠째 전시되었다. 그 모습을 보고는 있는 대로 화가 나서 소리를 꽥 질렀다.

"당신 눈에는 이 선풍기가 안 보여? 내가 씻었으면 조립해서 넣어는 줘야지!!!"

순간 침묵이 흘렀다. 신랑은 한마디 대꾸도 하지 않았다. 선풍기를 조립해서 넣고, 묵묵히 집안 곳곳을 청소했다. 너무 말이 없어서 물었다.

"나한테 화났어?"

"아니, 나 자신한테 너무 화가 나."

"뭐가?"

"왜 내 눈에는 이 선풍기들이 안 보였을까? 조립해서 넣어야 한다는 생각조차 못 했을까? 나는 왜 이리 생각이 없는 인간일까?…"

신랑은 자책하고 있었다.

'아. 나와는 정말 다른 사람이구나.'

이후 나는 정확하고 구체적으로 요구사항을 표현한다. 한꺼번에 두 개는 안 된다. 한 번에 한 개만.

다음 해. 여름이 지난 어느 날, 신랑이 자랑스럽게 말했다.

"선풍기 다 싸서 창고에 넣었다! 잘했지?"

"다 씻어서 넣기 힘들었을 텐데, 고생했어."

"아니, 안 씻고 넣었는데? 씻어야 해?"

"ㅠㅠ"

다른 세상에 살던 두 남녀, 간단한 청소 문제부터 삶의 가치까지 다 달랐다. 연애할 때 안 보이던 것이, 한 공간에 살게 되니 민낯을 드러냈다. 어느 순간은 차라리 벽을 보고 이야기하는 게 낫겠다 싶을 만큼 전혀 다른 세상을 보고 있었다.

남의 편, 부모님이 결혼을 반대한 이유

부모님은 나의 결혼을 반대했다. 나이 서른이 넘도록 직장도 없고, 모아 놓은 돈도 없는 예술가 남자랑 결혼하겠다고 하니 아버지가 마지막으로 물으셨다.

"꼭 이 남자랑 결혼해야겠나?"

"네."

"그럼 네가 책임져야 한다. 부모가 반대한 이유로 살기 힘들어질 때가 올 텐데, 그때 우리 원망하지 마라."

이 말을 이해하지 못했다. '남존여비'가 만연했던 시절, 가부장적이지 않고 여자를 동등한 인격체로 대해주는 남자랑 살고 싶었다. 책을 수면제로 알고 있던 남자는 책 읽고 공부하는 여자가 멋지게 보였다. 나는 남자로부터 받는 배려와 존중이 좋았다. 하지만 이 좋았던 삶의 태도가 고비가 되어 찾아왔다. 거절할 줄 모르고, 타인을 먼저 챙기는 신랑은 결혼 후 가정은 제일 나중에 챙겼다. 집 밖에서는 희생하고 다 퍼주고, 시간도 돈도 힘도 다 떨어져서 집에 와 내게 의지했다.

친구 아버지 병문안 가서 수술비 내주고, 다단계 하는 친구한테 카드번호 불러주고, 주말이면 자신의 트럭으로 친구 집 이사나 짐 나르는 일을 무보수로 해주고 왔다. 신랑은 남의 편이었다. 집안일과 육아, 경제적 책임까지 다 내가 알아서 해야 하니, 억울했고 원망이 쌓였다. 눈만 맞아도 으르렁대는 마누라가 되었다. 부모님이 말했던 고비였다.

아픈 부부, 맨몸을 드러내고 보살필 수 있는 관계

신랑은 한 번도 직장생활을 한 적도 없다. 자신의 예술이 밥벌이가 될 거라고 매년 개인전을 열었지만, 작품은 팔리지 않았다. 점점 독해져 가는 무서운 마누라와 두 아이 교육비와 내 집 마련 대출금은 신랑을 예술 활동 중심으로 살 수 없게 만들었다.

결혼 후 15년이 홀쩍 지나서 신랑은 손재주로 밥벌이를 시작했다. 인테리어 목수팀을 만들어 전국으로 일하러 다니면서 돈을 벌었다. 한 번씩 집에 오면 안쓰러워서 물었다.

"안 힘들어?"

"젊을 때 탱탱 놀아서, 지금 고생하는 거야."

신랑은 해맑게 웃으며 말했다. 그렇게 수년 동안 타지를 다니며 온갖 고생을 하더니, 어느 날부터 이빨이 다 빠지기 시작했다. 갑자기 할아버지가 되어 버린 듯한 낯선 신랑이 집에 온 날 말했다.

"신경외과에 좀 가봐야겠다."

"왜?"

"건널목을 건너려는데 다리가 잘 움직여지지 않았어."

이런 경험이 한 번이 아니라 자주 느껴지고, 손발이 전기가 온 듯이 저리다고 했다. 그날 병원에서 의사는 목디스크가 심해서 당장 수술받지 않으면 전신마비가 된다고 말했다. 그리고 며칠 만에 신랑은 대수술을 받았다.

그 당시 나도 아픈 시기였다. 아픈 부부가 서로를 간호하고 보살피며 지내야 했다. 몸이 지독히 아파서야 둘 다 정신을 차렸다. 서로의 존재를 따뜻한 시선으로 바라봐줄 마음이 생겼다. 자신의 아픈 몸을 내어 줄 수 있는 사람, 벌거벗고 내놓아도 부끄럽지 않은 사람이 옆에 있다는 것이 힘이 되었다.

누가 먼저 사과할까?

취준생이던 딸이 하루는 행복한 부부 사이의 조건에 관해 이야기했다.

"엄마, 행복한 부부 관계에 필요한 조건이 뭔지 알아?"

"뭔데?"

"한 사람이 일방적으로 져 줘야 해."

"그래서 우리 집은?"

"말해 뭐 해. 아빠가 일방적으로 져주잖아."

한참을 같이 웃었다. 그런데 좀 억울했다. 분명 집안일도 내가 많이 했고 육아나 경제적인 책임도 내 몫이었는데, 신랑은 늘 좋은 사람, 난 '악녀'였다. 왜? 돌아보면 신랑은 상대의 화난 마음을 잘 풀어주었다. 항상 신랑이 먼저 사과했다. 아침에 사소한 문제로 부딪친 날이면 1교시 수업하기 전에 전화가 왔다.

"난데, 미안해. 내가 속이 좁아서 아침부터 당신 기분 상하게 했어. 기분 풀고 오늘 수업 잘해. 저녁에 봐."

사춘기 딸이랑 내가 부딪쳐서 난리를 피우면, 딸을 살짝 데리고 나가서 그 푸념을 끝까지 다 들어주었다. "내가 이 집안 여자들 때문에 못살겠다."라며 두 여자의 마음을 풀어준다고 고생을 꽤 했다.

일방적으로 져주는 관계. 극으로 치닫지 않고 멈추게 해 준 마음이었다. 그렇다고 신랑이 다 져준 것은 절대 아니다. 똥

고집은 있다. 이 고집은 그의 마지막 자존심이라 내가 꺾을 수
없고, 존중해야 한다는 걸 알게 되기까지 세월이 오래 걸렸다.

각자의 방, 각자이면서 함께인 우리

불면증과 갱년기 증상으로 나의 밤은 고요하고 깜깜하고 시
원해야 한다. 남편은 훤하게 불을 켜고 TV를 보면서 코까지
골며 잔다. 잠자는 스타일은 끝내 맞추어지지 않았다. 부부도
각자의 방이 필요했다.

노년의 길에 들어선 신랑이 주로 지내는 공간은 자신만의 작
업실이다. 시골 과수원에 비닐하우스로 아지트를 만들어 시
간만 나면 늘 뚝딱거리며 뭔가를 만들고 그림도 그린다. 그곳
에 있는 시간이 제일 행복하다고 한다. 그래서 우린 주말이나
쉬는 날에 같이 지내지 않는다. 각자가 좋아하는 일을 한다.
신랑은 자신이 포기한 예술 활동과 개인전을 다시 하고 싶을
까? 잘 모르겠다. 그의 방을 난 다 알 수 없다.

천선영은 『어쩌다 서로에게 괴물이 되었을까?』에서 관계에
대해 이렇게 말한다.

'오롯이 각자이면서도 동시에 서로의 안녕을 바랄 수 있는 관계, '틀렸어.' 말고 나와 다른 생각을 하는 사람이 있구나. '이상해.' 말고 나랑 다르게 느끼는 사람이 있구나, 그런 그들과 함께 내가 이미 살아가고 있고, 앞으로도 살아가야 하는구나.'

부부관계도 마찬가지다. 부부라고 서로 완벽하게 알 수도, 이해할 수도 없었다. 부부가 더 상처를 주기도 했고, 둘이지만 더 외로움을 느끼기도 했다. 동시에 결혼은 내가 인간적으로 더 성숙해지고 나의 그릇을 키우는 시간이기도 하였다. 각자가 되기도 하고 '함께'가 되기도 한 30여 년의 부부 세월. 신랑의 과거 현재 미래, 그리고 그의 일생과 부서지기 쉬운 마음을 매일 처음 만난다. 그가 온 것은 실로 어마어마한 일이었다.

딸의 바람, 미안합니다. 고맙습니다. 사랑합니다

||||||||||||||||||||||||||||||||||||||||||||||||||||||||||||||||||||||||

당연히 건강하실 줄 알았습니다

"네 아버지 수의를 맞추었다."

전화로 들리는 엄마의 첫마디 말을 잘 알아듣지 못했다.

"집에 있던 삼베로 맞추었는데, 수의 맞추는 것도 복잡더라."

엄마는 계속 말했다.

"내 수의는 한복으로 맞출까 싶다."

갑작스러운 말에 한마디 대답도 못 했다.

"영정사진도 준비해야 하는데…"

"엄마, 살아 계시는데… 나는 못 해요."

"괜찮다. 예전에는 환갑 되면 준비했는데 많이 늦었다."

부모님의 죽음을 생각해본 적이 없어 멍했다.

한 달 뒤쯤 엄마는 수의가 완성되었다며 소식을 전했다.

"네 방 장롱 위에 박스 두 개가 있다. 흰색 수의는 아버지 거고, 분홍색 수의는 내 거다. 그리고 영정사진은 동생 방에 있다."

친정에 갔을 때 엄마는 작은 방에 있는 수의 상자와 영정사진을 직접 내 눈으로 확인하게 했다. 죽음을 준비하는 부모님. 마지막 순간까지 자신의 의지로 살다가 집에서 잠든 결에 가고 싶다고 하신다. 무심하게 말하는 엄마. 진짜 아무렇지도 않은 걸까.

부모님 나이가 어느덧 80살을 훌쩍 넘었다. 부지런하고 강했던 부모님. 연로해지면서 집안의 자질구레한 수리, 택배나 가전제품 구입 등은 주로 딸의 몫이 되었다.

술고래 아버지, 부지런한 어머니

어린 시절 아버지는 세상에서 가장 멋진 남자 어른이었다. 아버지는 직업 해군으로 지내시다 외항선을 탔다. 아버지가 보내주던 외국에서 찍었던 사진과 엽서들. 일 년에 두어 번 집에 올 때 한가득 가지고 왔던 신기한 선물은 나를 상상하게 만들고 설레게 했다. 키다리 아저씨 같았던 아버지가 내가 초등학교 4학년 때 집으로 돌아왔다. 망망대해에서 고래랑 친하게 지냈었는지, 술고래였다.

뱃사람으로 오랫동안 살았던 아버지의 말은 명령이거나 잔소리, 침묵이었다. 말 많은 걸 딱 싫어했다. 아버지가 술을 고주망태가 되도록 마시고 들어오는 날이면 식구들은 각자의 방에 불을 끄고 다 잠든 척했다. 평소에는 무섭고 엄격하기만 하던 아버지가 술을 드시면 아들딸에게 애정을 표현하려 했지만, 싫었다.

엄마는 부지런했다. 늘 자신을 희생하고 가족을 챙겼다. 당신 아프다고 가족 식사, 빨래, 청소를 미루는 걸 본 적이 없다. 집안 살림만 하던 엄마도 아들딸이 어느 정도 자라고는 뭔가 배우고 싶고 자기 삶을 찾고 싶으셨던 것 같다. 내가 중학생 때 엄마는 주부 대학에 다니기 시작하면서 문화원에서 팔검무와 진주포구락무, 거문고, 장구 등을 배우며 전국으로 공연하러 다니기 시작했다. 아버지는 여자가 남편의 식사 시간을 못 맞춘다고, 엄마의 사회 활동을 싫어해서 갈등이 많았다. 엄마는 그 시기를 버티셨다. 몇 년 후, 엄마는 진주포구락무 지방 문화재로 지정되어 고정 월급도 받게 되면서 당신의 자존심을 지켰다. 난 그런 엄마를 응원했고 존경했다.

미안합니다. 고맙습니다. 사랑합니다

엄마가 우리를 키웠던 세월, 얼마나 희생했고 참으셨을까? 끝도 없는 가사 노동, 당연히 엄마가 해야 하는 일인 줄 알았던 그 모든 일, 모르고 지났던 시간이 미안하다. 아버지도 아이들의 어린 시절을 사진으로만 보면서 배를 탈 때 얼마나 힘들었을까? 집으로 돌아왔을 때 아이들은 이미 성장해서 각자의 방으로 들어가 버리고, 가족 안에서 이방인처럼 지내며 어떻게 대화해야 할지도 몰랐던 그 시절 더 외롭지는 않았을까? 술고래였던 아버지는 이제 노령의 할아버지가 되어, 주 3회 투석을 받고 계신다. 투석 받은 날은 어지럽고 힘들어 제대로 걷지 못하는 아버지. 아프다는 표현을 해본 적이 없는 아버지는 당신 몸이 아무리 아파도 늘 괜찮다고 하신다.

엄마는 아버지가 아프시고는 모든 집안일을 혼자서 처리해야 한다. 요즘 가전은 거의 터치식이고 스마트 세상이라 노년의 엄마는 잘못 손대서 고장 날까 불안하다. 허리가 아파서 안마 침대를 사 드렸는데, "나는 아무것도 손을 안 댔는데 작동을 안 한다."라며 전화가 왔다. 한 번은 코드가 뽑혀 있었고, 한 번은 리모컨에 일시 정지가 눌러져 있었고, 한 번은 침대의 전원스위치가 꺼져 있었다. 그리고 얼마 전에는 TV가 검은 화면으로 아무것도 안 나온다고 전화가 왔다. TV가 오래 되기도 해서 바꿔드려야겠다고 생각하고 있는데 다음날 전화가 왔다.

"내가 TV 고쳤다. '외부 압력'을 딱 눌러보니까 나오더라. 잘 했제?"

"???"

"리모콘에 쪼매한 '외부 압력' 안 있나? 한번 눌러 봤다."

"엄마, '외부 입력'입니더. 컴퓨터나 핸드폰 연결할 때 씁니더."

"아~~ '외부 압력'이 아이고, '외부 입력'이가? 내 눈이 잘 안 보이서…. 호호호, 내 참 잘했제?"

"우리 엄마 참 잘하셨습니더. 울 엄마 최고~~."

"그래, 그래. 오~호호호."

당신 돈으로 커피 한 잔, 좋아하는 단팥빵 하나도 사 먹지 못하는 엄마는 여전히 우리 걱정을 한다. 아끼고 아낀 돈으로 손자, 손녀 용돈을 챙겨준다. 올해도 아들딸 주려고 김장을 준비한다. 아프실까 걱정되어 이제 그만하셔도 된다 해도 아직은 할만하다며 무거운 장을 보고 양념을 준비하고 있다. 엄마는 충분히 많이 베푸셨다. 이제 받으시기만 해도 될 것 같은데,

오늘도 몸을 부지런히 움직인다. 아들딸에게 걱정 끼칠까, 아프다는 말도 잘 못한다.

내가 영어 공부하며 유학 갈 마음을 키운 건, 아마 어린 시절부터 동경해 온 아버지의 외국 사진에서 시작된 것 같다. 나의 부지런함과 끈기는 엄마로부터 배운 것이다. 아버지의 외로움과 엄마의 희생을 너무 늦게 깨달았다.

나태주의 「옆자리」라는 시처럼 부모님은 존재 그 자체로 소중한 사람이다.

옆자리에 계신 것만으로도 나는

따뜻합니다

그대 숨소리만으로도 나는

행복합니다

…

이름 없이 주소 없이 이냥

곁에 앉아 계신 따스함만으로도

그대와 나는 가득합니다

…

그리하여 인사 없이 눈짓 없이

헤어지게 됨도

우리에겐 소중한 사랑입니다.

나태주, 『혼자서도 별인 너에게』, 「옆자리」 중에서

매일 저녁 7시면 알람이 울린다. 친정엄마와 통화하는 시간
이다. 10년이 넘었다. 전화기 너머로 들리는 엄마의 목소리.
오늘도 무탈하고 소소한 행복이 있는 하루이길 바라며 통화한
다. 내 마음을 담아 본다.

'미안합니다. 고맙습니다. 사랑합니다.'

엄마의 바람, 늦가을이 한여름에게

||||||||||||||||||||||||||||||||||||||||||||||||||||||

이슬비가 내리던 날

천둥 번개가 치며 억수같이 폭우가 내리던 날. 엄마와 아빠는 처음 만났어. 그날 아빠는 엄마를 보고 종달새가 노래하는 것 같다고 했단다. 주위 어른들에게 늘 말 많다고 핀잔만 듣다가, 아빠를 만나고 처음으로 존중받는 느낌을 받았어. 쏟아지는 빗소리를 들으며 아빠가 제안했어.

"비를 좋아하세요? 비가 오는 날 다시 만날까요?"

1996년 6월 보슬보슬 비가 내리던 저녁 어스름에 작고 예쁜 딸이 세상에 나왔단다. 엄마 아빠를 이어주었던 비를 생각하며 아빠는 딸의 이름을 지었어.

'이슬비'

소중한 비처럼, 이른 아침의 영롱한 이슬처럼, 초여름 대지를 촉촉이 적시는 이슬비처럼 살기 바라는 마음을 담았단다.

"엄마, 우리 딸이 웃었어요."

"태어난 지 일주일도 안 된 애기가 우찌 웃노?"

외할머니는 거짓말이라고 했어. 하지만 난 너의 첫 웃음을 잊을 수 없구나. 내 젖을 물고 환하게 웃던 너. 나중에 알고 보니 베넷 웃음이더라? 엄마의 뱃속에서도 그렇게 웃었을까? 우리 딸은 잘 웃고 잘 잤어. 식당에 가서 옆에 뉘어놓고 엄마 아빠가 편하게 밥을 먹고 있으면 "이리 순한 아이가 있나?"라며 사람들이 쳐다보곤 했단다.

남동생이 태어나던 날.

침대에서 콩콩 뛰며 "엄마 이제 안 아파?"라고 묻던 네가 고마웠어.

그런데 아들은 우리 딸과는 반대로 내내 울기만 했어. 몸도 약하고 울기만 하는 아들을 감당하느라 딸의 마음을 돌보지 못한 순간들이 생겼단다. 딸도 겨우 네 살밖에 안 됐는데 지금 돌이켜 보면 엄마가 참 미안해. 어릴 때부터 야무지고 자기 일을 잘한다고 칭찬했는데, 동생 돌보고 살림 살며 직장 생활한다고 바빴던 내가 딸을 알뜰히 챙기지 못한 핑계를 대었던 것 같구나.

존재 자체로 소중한 너, 빛나는 너

아빠에게 너희 둘을 맡겨 놓고 외출하고 돌아온 날. 호랑이, 토끼 가면을 만들어 동물원 놀이를 했던 세 식구. 커다란 도화지, 물감, 붓과 팔레트는 널브러져 있고, 정신없이 놀았던 흔적에 어디서부터 집을 치워야 할지 엄두가 나지 않았어. 엄마는 조용하고 깨끗하며 공부하는 집을 원했는데, 아빠랑 너희는 온 집을 놀이터로 만들곤 했단다.

하루 종일 엄마랑 있으며 조용히 책 읽으며 지냈던 날.

"아빠 없으면 우리 평생 이렇게 살아야 해?"라며 한숨짓던 네 모습이 선하구나.

아빠는 친구처럼 놀아주는데, 엄마는 책만 들고 있으니 얼마나 심심했을까.

"엄마는 동생만 좋아해."라며 서운함을 비칠 때.

온 신경은 아픈 아들에게 가 있으면서 '경제적 지원은 첫 딸에게 많이 하니까.', '동생이 태어나기 전에 충분히 사랑받았으니….'라며 네 투정에 애써 변명했었어. 아들은 건강하게 자라기만 바라면서, 딸에게는 많은 기대를 걸었어. 그게 얼마나 부담되고 속상했을지 어린 엄마는 미처 생각하지 못했구나.

"엄마는 내 가슴에 대못을 박는단 말이야!"

뒷산에서 아빠에게 엉엉 울며 했다는 그 말이 아직도 생생하구나. 중2, 한창 사춘기라 예민했던 너랑 참 많이 다투었지. 엄마의 기대만큼 성적이 나오지 않아서 실망했던 마음이 그대로 전달되었는데 난 그걸 몰랐어.

"성적표 보여주던 날, 내가 얼마나 가슴 졸였는데. 엄마는 쓱 보고 그냥 던져 버렸어."

너의 말을 듣고, 상처를 준 사람은 기억도 못 한다는 걸 알았단다.

그때였어. 너의 존재 그 자체로 존중해야 한다는 걸. 딸을 대신할 그 무엇도 없음을. 더 이상 딸 가슴에 못을 박을 수는 없었어.

엄마는 제대로 사과하지도 못했는데, 고3 딸이 엄마 생일에 편지를 썼더구나.

'중2병에 걸려서 엄마 입장은 한 번도 생각 안 해보고 내 멋 대로만 굴어서 미안해. 너무너무 미안해. 지금 와서 사과하는 게 좀 부끄럽지만… 엄마랑 하도 싸울 때는 같이 있을 때 어색하고 그랬는데 지금은 아냐(그리고 이건 비밀인데 엄마가 아빠보 다 좋아!) 엄마가 세상에 있는 엄마들 중에서 최고인 것 같아. 엄마 짱!…'

먼저 사과하는 딸의 편지에 부끄러워서 엄마는 울었어.

공부도 진로도 스스로 찾아가는 딸이 대견했단다. 엄마는 그냥 지켜보기만 할 뿐. 고등학생이 되면서부터 딸이 친구 같았어. 대학 시절 교환 학생으로 홍콩에 갈 때 항공권부터 현지 생활까지 모두 혼자서 알아보고, 그 무거운 가방을 들고 비행기에 오르는 모습이 대견했단다. 교환 학생 다녀온 후로는 용돈도 스스로 벌어서 쓰겠다고 선언했었지. 다양한 나라 친구를 사귀며 세계를 여행하는 너. 멋진 어른이 되어가는 딸을 응원했어.

대학 졸업 후, 인턴 생활을 하며 취업 준비하던 어느 날 거울 앞에서 춤 연습을 하는 엄마에게 물었지.

"엄마, 나도 엄마랑 같이 춤 배우면 안 돼?"

일주일 2회, 엄마와 딸이 함께 춤추게 되었지. 20대 아가씨
가 된 딸이 춤을 처음 배우며 허우적거릴 때 웃겼어. 그래도
엄마 눈에는 딸의 춤 선이 예쁘더라.

취업 면접마다 엄마도 같이 가슴을 졸이곤 했었어. 몇 번을
실패하고 이번에는 면접을 잘 본 것 같다면서 "엄마, 취업 면
접에서 이런 거 물었어."라고 이야기를 이었지.

"요즘 코로나로 외출도 어렵고, 취업도 어려워 힘들지 않나
요? 시간을 어떻게 보내고 있습니까?"

"저는 아이돌 댄스를 배우고 있습니다. 한 곡을 배울 때마다
자신감도 생기고 즐겁습니다."

너의 당돌한 대답을 면접관이 싫어하지 않는 것 같더라는 너
의 말. 그 면접을 통과해서 어엿한 직장인이 되었구나.

합격 통지를 받던 날 "엄마, 나 댄스 어떡해?"라며 배우던 춤
을 마무리 못 해서 아쉬워했었지. 너와 둘이 춤추고, 땀을 식
히며 집으로 가던 길. 함께 온갖 수다 떨었던 그 7개월의 시간
이 참 좋았단다.

언제나 네 편이야, 온 마음으로 너를 지지해

너의 어린 시절 동영상을 잊고 있다가, 아빠랑 거의 20년 만에 보게 되었어. 아빠가 눈물지으며 말했어.

"아~ 인형 같다. 이렇게 예쁜 아이를 우리가 키웠었네."

그때는 몰랐어. 얼마나 소중한 순간이었는지.

아빠가 "한 입만."이라고 하자 아이스크림을 건네주던 세 살쯤의 너.

"한번 뺏어봐." 엄마가 말했더니 아빠가 뺏어서 신나게 먹더구나.

"똘삐꺼야. 똘비꺼야. 이똘삐꺼야. 아아앙."

발음이 정확하지 않아 '슬비'가 꼭 '똘비'로 들렸어. 아빠가 거의 다 먹은 아이스크림을 돌려주자 눈물 콧물이 범벅되어 작아진 아이스크림에 속상해하던 귀여운 모습. 이 비디오를 본 후, '똘비꺼야'가 우리 집 농담이 되었지.

언제나 엄마 품에 있을 것 같았는데 어느덧 훌쩍 자라 더 높고 더 넓은 세상, 너의 한여름을 향해 떠났구나. 멀리 떨어져 직장생활을 시작한 지 벌써 3년이 넘었어. 어릴 때 아빠에게 아이스크림을 나누어 주었던 것처럼, 자신의 것을 "똘비꺼야."라고 외쳤던 것처럼 언제나 자기주장을 용기 있게 펼칠 수 있는 사람으로 살면 좋겠구나. 힘들고 어려운 일도 부딪치게 될 거야. 엄마가 힘이 되면 좋겠다. 아픈 엄마에게 부담 안 주려고, 혼자서 다 떠안지 않았으면 해. 너의 봄날 그랬던 것처럼 엄마, 아빠와 상의해 줘. 문제를 해결해 줄 수는 없을지라도 같이 고민해 주고 너의 이야기를 들어 줄 거야. 엄마는 언제나 네 편이야. 온 맘으로 너를 지지해. 제주도에서 찍은 가족여행 사진 속의 너의 모습. 환하게 웃으며 코믹한 표정을 짓고 있구나. 엄마를 닮은 듯, 또 다른 듯 너만의 개성과 색깔을 찾아가는 네가 아름답다. 너의 한여름이 어떻게 펼쳐질지 기대되고 설렌다.

한여름과도 같은 푸른 청춘을 보내는 너에게 늦가을의 엄마가….

친구의 바람, 비슷한 듯 다른 우리 서로를 읽어갑니다

‖‖

완벽한 타인 속의 우정

영화「완벽한 타인」, 행복해 보이는 커플들의 모임에서 한 명이 게임을 제안한다.

"다들 핸드폰 올려봐. 저녁 먹는 동안 오는 모든 걸 공유하는 거야. 전화, 문자, 카톡, 이메일 할 것 없이 싹!"

장난삼아 시작한 이 게임은 커플들의 뒷모습을 보여준다. 은밀하고 사적인 문자, 난처한 카톡, 핸드폰의 스피커를 통해 벌거벗은 몸이 되어 가는 절친한 친구들. 그야말로 완벽한 타인이었음을 여실히 보여준다.

내 아이 먼저 줄 세우고, 좋은 것 입히고 먹이며 내 아이만 돋보이게 하고 싶은 부모 마음. '나 먼저, 나만'의 이기적인 생활

습관은 끝내 자신을 영화처럼 '완벽한 타인' 속에 놓이게 하고 고독하게 만든다. 처음 학교라는 공간에 오면 '나' 아닌 '타자'를 만난다. 모두가 소중한 존재들이다. 부모와의 관계를 떠나 다양한 타자를 만나고 우정을 쌓고 벗을 만드는 곳이다. 아무리 힘들어도 나랑 마음이 맞는 친구들이 있으면 학교는 지낼 만하다. 선생님도 마찬가지다. 마음이 통하는 동료 교사와 선생님을 신뢰하는 아이들이 있으면 출근하는 길이 가볍다. 벗이란 어떤 존재인가? 내게 진정한 벗이 있나? 영화 「완벽한 타인」은 우리에게 묻고 있다.

극복하는 존재, 나와 반대편에 서 있는 벗

니체는 『차라투스트라는 이렇게 말했다』에서 '벗은 대지 위의 축제이며, 맑은 공기이자 고독이며 빵이며 약이고, 구원자이다… 벗은 나를 사랑해 주는 이웃이 아니라, 나에게서 가장 멀리 있는 사람'이라고 말한다. 진정한 벗은 나와 생각이 다른 사람으로 나의 고정관념을 깨는 '망치'라고 표현한다. '노예나 폭군은 벗이 될 수 없다.'라고 한 그의 말을 보면, 진정한 벗이라면 서로의 자유를 속박하거나 소유하려 해선 안 된다. '인간이란 극복되어야 할 그 무엇이다.'라는 명제를 던진 니체는 '그대들은 자신을 극복하기 위해 무엇을 했는가?'라고 질문하며 '이렇게 차라투스트라의 몰락이 시작되었다.'와 같은 문장으로 글을 연다. '몰락'은 상승하기 위한 하강이다. '몰락'해야 다시 시작할 수 있고, 나를 죽여야 새로운 나의 탄생을 맞을 수 있다. 바닥이 보이지 않은 어둠 깊은 심연까지 '몰락'해서 자신을 놓아 버려야 인식하는 자로 나아갈 수 있다.

  학교는 나의 무지를 깨닫는 곳이고, 나의 세상이 얼마나 작고 협소한 곳인지를 알게 되고, 넓고 다양한 문화와 생각이 있음을 배워가는 곳이다. 니체의 '심연'이 학교가 될 수도 있다. 내가 새롭게 탄생하는 곳이다. 그곳에 친구들이 함께 있다. 당연히 갈등도 있고 의견이 다른 친구를 만나기도 하겠지만, 끊임없이 다른 생각으로 나를 힘들게 하는 친구가 벗일 수도 있다. 선생님을 힘들게 하는 아이들이나 학부모도 벗이자 스승일 수도 있다.

  동시에, 모두가 나의 벗일 순 없다. 더 나아가기 위해 니체는 웬만하면 '스쳐 지나가라'고 한다. 더는 사랑할 수 없을 때, 어울리는 적(벗)을 맞이하기 위해 스쳐 지나가라는 말이다. 과거의 상처에 얽매여 앞으로 한 발도 내딛지 못하고 갇혀 있지 말라는 것이다. 우리는 '몰락'의 고통스러운 자기 투쟁을 넘어

다리(bridge)를 건넘으로써 극복하는 존재이며, 그를 통해 나와 반대편에 서 있는 벗과 함께 걸을 수 있다.

새로운 친구, 몸으로 부대끼며 쌓은 우정

춤으로 만난 친구들 모임. 만난 지 15년쯤 되었다. 중간중간 들어왔다 나갔다 하는 회원이 있었지만, 변함없는 다섯 명이 주를 이루고 있다. 춤에 진심인 다섯 명은 라인댄스로 뭉쳐서 대회나 공연 연습을 한다. 우리 모임의 이름은 'TeaRA(티라).' 톡톡 튀는 끼와 개성의 표현이자, Teachers' Rock and Art의 약자로 춤과 예술을 함께하는 교사 동아리의 의미도 담고 있다. 각각은 힙합, 밸리, 고전무용, 와킹, 스포츠 댄스로 자신이 좋아하는 댄스 스타일이 있다. 동호회로 즐기며 연습할 때는 각자의 스타일로 표현하는 것이 아무 문제가 안 되는데, 대회나 공연을 준비하면 안무의 세세한 부분을 통일하고 조율한다. 이때 목소리 큰 사람, 자신의 스타일을 고집하는 사람, 동선과 자리 등등, 다들 나름의 자기 의견을 낸다. 서로의 동작을 끊임없이 지적하고 수정을 요구한다. 10여 년을 맞추다 보니, 이 과정에 익숙하지만, 그래도 때때로 속이 상하고 힘들다.

대회전 마지막 연습 기간인 일주일은 모두가 예민하다.

"줄 맞춰라. 오른쪽으로 더 가라, 시선 처리를 왼쪽으로 해라."

"손동작 틀렸다. 박자 맞춰라."

"다시, 다시, 다시…"

극도의 감정 상태, 피곤이 극에 달한다.

'아, 하기 싫다.' 그만하고 싶다는 말이 목에 걸려 있다.

대회 날. 우리 순서를 기다리는 시간. 위장이 쪼글거리고 심장이 터질 것 같다. 앞이 깜깜한데 나도 모르게 춤을 춘다. 내가 살아있다. 몇 달을 고생하며 준비하고 연습한 시간이 보상된다. 선물 같은 시간이다. 대회 발표가 끝나면 갈등은 다 풀린다. 매주 토요일, 함께 나누는 이야기로 쌓아 온 세월. '일그러진 영웅 엄석대'가 서너 명이 넘는 아이들과 수학여행을 마치고 내려오던 버스에서 눈물이 멈추지 않아서 헤드셋과 선글라스를 끼고 내내 울었던 이야기, 코로나 시기 황망하게 엄마를 보낸 가슴 아린 이야기, 치매 걸린 엄마를 오랜 기간 모시다가 요양원에 보내고 오는 길 펑펑 울었던 이야기. 얼마나 힘들었을까. 얼마나 아팠을까. 서로의 아픔에 같이 울었다. 자녀 진학과 취업의 기쁜 소식을 축하하며 함께 웃었다. 관계는 더 깊어진다. 오랜 기간을 몸으로 부대끼며 만난 완벽한 타인들이 쌓은 우정이다.

양팔 저울, 서로의 무게를 맞추어 갑니다

벗과의 우정, 진정한 소통의 시작은 솔직함이다. 아무리 감추려 해도 드러나는 적나라함을 만나는 순간, 변명과 핑계를 대고 오히려 상대를 원망하기보다 스스로 돌아보게 하는 관계가 벗이다. '완벽한 타인' 속에서 만난 벗은 나를 살게 하고 웃게 하고 사고를 키울 수 있게 한다. 꾸미지 않고 만나도 되는 벗과 함께 함민복의 「양팔 저울」이라는 시처럼 지내고 싶다.

나는 나를 보태기도 하고 덜기도 하며
당신을 읽어나갑니다

나는 당신을 통해 나를 읽을 수 있기를 기다리며
당신 쪽으로 기울었다가 내 쪽으로 기울기도 합니다

상대를 향한 집중, 끝에, 평형,
실제 던 짐은 없으나 서로 짐 덜어 가벼워지는

함민복, 『눈물을 자르는 눈꺼풀처럼』, 「양팔 저울 Ⅰ」

　우정은 나의 이기심과 욕망을 덜어내기도 하고, 나의 정성을 보태기도 하면서 함민복의 시처럼 상대 쪽으로 기울기도 하다가 내 쪽으로 기울기도 하는 노력의 시간이다. 서로를 닮아가기도 하면서 서로의 무게를 맞추어 가는 양팔 저울의 관계. 그를 알아가고 상대가 나를 알아가는 저울의 움직임 속에 갈등과 오해로 실망하기도 하고, 서로를 읽어가는 즐거운 추억도 쌓아가는 세월. 빛나는 벗이 있다면 숫자는 중요하지 않다. 우정이 어떻게 변하냐고 원망하기보다 스쳐 지나가기도 하며 나와 비슷한 듯 많이 다른 그들과 마음을 내며 오래 보고 싶다.

에필로그

선생님의 해방 일지

소리에 놀라지 않는 사자와 같이,

그물에 걸리지 않는 바람과 같이,

흙탕물에 더럽혀지지 않는 연꽃과 같이,

무소의 뿔처럼 혼자서 가라.

전재성 옮김,

『숫타니파타-붓다의 말씀』,「무소의 뿔의 경」 중에서

왜 글을 쓰려고 하는가? 내 경험, 생각, 깨달음을 왜 남기려 하나? 누가 읽기는 할까? 나의 존재 증명을 위해서 쓰고 있나? 아직도 인정받고 싶은가? 이런 생각이 문득문득 들었다. 흑백의 논리로 자기만 옳다고 외치는 종이 낭비의 글을 대할 때면, 글은 분야에 전문성 있고 인품이 있는 사람이 써야 한다고 생각했다. 글쓰기가 두려우면서도 계속 쓸 수 있었던 것은, 글을 쓰는 순간의 마음이 소중했기 때문이다. 그 시간은 자신을 차분히 들여다보게 했고, 다독이게 했고, 아픈 나를 살게 해주었다.

 나의 기억은 왜곡될 수 있다. 온전히 사적인 관점과 단편적인 장면에 대한 기억은 꾸며낸 소설이 될 수도 있다. 하지만 가슴 깊이 선명히 남아있는 잊지 못하는 순간은 그만큼 하고 싶은 말이 되었다. 나에게 유리하게 각색된 기억일지라도 글을 쓰면서 다르게 바라보고 싶었다. 글 쓰는 시간 내내 내가 얼마나 작고 편협한지 끊임없이 마주했다. 형편없음과 더 나은 사람이 되고자 하는 마음 사이의 갈등, 후회와 아픔 속에서 살아내려는 애틋함이 글 속에 있었다. 타인을 평가하고 평가당하던 링에서 내려와 한 걸음 나아가고 싶은 간절한 마음이 있었다.

 정희진의 책 『나를 알기 위해 쓴다』에는 글을 쓰는 이유를 다음과 같이 이야기한다.

 '상처가 아니라면, 왜 쓰겠는가? 상처가 없으면 쓸 일도 없다. 작가는 죽을 때까지 '팔아먹을 수 있는' 덮어도 덮어도 솟아오르는 상처가 있어야 한다. 자기 이야기를 쓴다는 것은 경험을 쓰는 것이 아니다. 경험에 대한 해석, 생각과

고통에 대한 사유를 멈추지 않는 것이다.'

누구나 자신의 정체성을 고민하며 선택했던 삶을 되돌아보고, 탈출하고 싶은 해방일지가 있을 것이다. 나의 소소한 경험은 누구에게나 있을 수 있는 평범한 이야기이다. 그 속에 간절했던 나의 바람이 있다. 처음이었던 매 순간 설레고 긴장했던 봄바람, 열심히 노력해서 하고 싶었던 일을 성취하며 느꼈던 가을바람 같았던 순간, 갈등과 아픔 속에서 그물에 걸리지 않는 바람처럼 자유롭게 살고 싶었던 시간이 있었다. 생각에 머무르지 않고 글을 쓰며 내 존재를 탐구하고 나를 넘어보려는 걸음. 그 걸음이 나를 더 아끼고 사랑할 수 있게 해주었다. 이는 타인을 더 이해하고 공감하고 더 사랑할 수 있게 할 것이다. 10년 이상 골골거리며 아픈 내게 글쓰기는 보약 한 첩과도 같다.

『보통 선생님, 바람』은 작가 정희진의 책 제목처럼 나를 알기 위해 썼다. 나의 상처는 나만의 것이 아니다. 학교 현장에서 아픔을 견디며 아이들을 사랑하고 헌신적으로 가르치는 선생님. 자녀 교육에 대한 고민과 걱정에 오늘도 희생하며 자신의 삶을 갈아 넣는 학부모. 맑고 밝은 꾸러기 아이들의 이야기다. 나의 경험과 사유가 또 다른 교육 현장과 사회로 연결되길 바라본다.

수없이 많은 바람이 불었다. 싱그럽고 따뜻한 봄바람, 무덥고 습한 여름 바람, 시원하고 상쾌한 가을바람, 시리도록 추운 겨울바람,

산바람, 강바람, 바닷바람, 미풍, 강풍, 태풍….

오늘도 바람이 분다.
그물에 걸리지 않는 바람처럼
무소의 뿔처럼 혼자서 가라.

[도움을 준 책들]

김영희, 『살아온 기적 살아갈 기적』, 샘터사, 2019

김승섭, 『미래의 피해자들은 이겼다』, 난다, 2022

　　　 『아픔이 길이 되려면』, 동아시아, 2022

　　　 『타인의 고통에 응답하는 공부』, 동아시아, 2023

김지수, 『이어령의 마지막 수업』, 열림원, 2021

김지혜, 『선량한 차별주의자』, 창비, 2019

김진경 외, 『유령에게 말걸기』, 문학동네, 2014

김태형, 『로미오는 정말 줄리엣을 사랑했을까』, 교보문고, 2012

나태주, 『혼자서도 별인 너에게』, 서울문화사, 2020

남회근, 『장자 강의(내편)』, 미하연, 2021

니코스 카잔차키스, 『그리스인 조르바』, 열린책들, 2008

니체, 『차라투스트라는 이렇게 말했다』, 민음사, 2004

록산 게이, 『헝거』, 문학동네, 2017

마르셀 프루스트, 『잃어버린 시간을 찾아서』, 민음사, 2012

마셜 B. 로젠버그, 『비폭력 대화』, 한국NBC센터, 2015

박노해, 『걷는 독서』, 느린걸음, 2021

　　　 『너의 하늘을 보아』, 느린걸음, 2022

　　　 『눈물꽃 소년』, 느린걸음, 2024

　　　 『단순하게, 단단하게, 단아하게』, 느린걸음, 2020

　　　 『그러니 그대 사라지지 말아라』, 느린걸음, 2010

　　　 『사람만이 희망이다』, 느린걸음, 2015

　　　 『참된 시작』, 창작과 비평사, 1993

반다나 시바, 『오늘부터의 세계』, 메디치미디어, 2020

박정자, 『시선은 권력이다』, 기파랑, 2022

사토 마나부, 『수업이 바뀌면 학교가 바뀐다』, 배움이 있는 수업 만들기, 2014

서현주, 『내 아이를 지키는 성인지 감수성 수업』, 위즈덤하우스, 2023

손우정, 『배움의 공동체』, 해냄 출판사, 2012

신영복, 『감옥으로부터의 사색』, 햇빛출판사, 1990

　　　 『강의』, 돌베개, 2004

　　　 『담론』, 돌베개, 2004

　　　 『처음처럼』, 돌베개, 2016

스칼릿 커디스 외, 『나만 그런 게 아니었어』, 월북, 2019

안희경, 『오늘부터의 세계』, 메디치 미디어, 2020

알랭 드 보통, 『여행의 기술』, 청미래, 2022,

앨럼 코커릴, 『마실리 수호믈린스키 아이들은 한명 한명 빛나야 한다』, 울림, 2016

오연호, 『우리도 행복할 수 있을까』, 오마이북, 2014

　　　 『우리도 사랑할 수 있을까』, 오마이북, 2019

　　　 『삶을 위한 수업』, 오마이북, 2020

우종영, 『나는 나무에게 인생을 배웠다』, 메이븐, 2020

윌리엄 파워스, 『속도에서 깊이로』, 21세기 북스, 2019

이기주, 『언어의 온도』, 말글터, 2016

이오덕, 『어머니들에게 드리는 글』, 고인돌, 2010

이문열, 『우리들의 일그러진 영웅』, 다림, 1998

이진섭, 『우리 균도』, 후마니타스, 2015
이희경 역, 『낭송 장자』, 북드라망, 2023
장 보드리야르, 『소비의 사회』, 문예출판사, 2015
정희진, 『나를 알기 위해 쓴다』, 교양인, 2020
전재성 옮김, 『숫타니파타-붓다의 말씀』, 한국빠알리성전협회, 2013
전후석, 『당신의 수식어』, 창비, 2021
정성식, 『교육과정에 돌직구를 던져라』, 에듀니티, 2014
정재승, 『열두발자국』, 어크로스, 2019
정진, 『회복적 생활교육 학급 운영가이드』, 피스빌딩, 2016
정현종, 『그림자에 불타다』, 문학과 지성사, 2015
　　　　『섬』, 문학관, 2015
조티 켄터, 『그녀가 말했다』, 책읽는수요일, 2021
존 가트맨, 『가트맨의 부부 감정 치유』, 을유문화사, 2014
존 듀이, 『경험으로서의 예술』, 책세상, 2020
존 카우치, 『교실이 없는 시대가 온다』, 어크로스, 2020
최규석, 『송곳』, 네이버 웹툰, 2017
치마만다 응고지 이다치에, 『엄마는 페미니스트』, 민음사, 2017
천선영, 『어쩌다 서로에게 괴물이 되었을까』, 정한책방, 2022
토드 로즈, 『평균의 종말』, 21세기북스, 2021
토머스 고든, 『교사역할훈련 워크북』, GTI코리아, 2013
파커 파머, 『가르칠 수 있는 용기』, 한문화, 2016
　　　　『삶이 내게 말을 걸어올 때』, 한문화, 2015
장치청(오수현 옮김), 『도덕경 완전해석』, 판미동, 2022
한동일, 『라틴어 수업』, 흐름출판, 2017
헨리 데이빗 소로, 『월든』, 은행나무, 2011
함민복, 『눈물을 자르는 눈꺼풀처럼』, 창비, 2013
현기영, 『순이 삼촌』, 창비, 2015
황지현 외, 『온라인학습이 즐거운 원격질문수업』, 경향BP, 2020
EBS다큐프라임, 『미래학교』, GreenHouse, 2019
EBS제작팀, 『학교란 무엇인가』, 중앙 books, 2012

[함께 본 영화, 드라마 등]
세바시 906회, 「성폭력 피해자: 어두운 시절을 끝내고 공동체를 만들다」
세바시 1004회, 「유현준 강연 '감옥같은 학교 건물을 당장 바꿔야 하는 이유'」
넷플릭스, 「빨간 머리 앤」
드라마, 「이상한 변호사 우영우」
드라마, 「나의 해방일지」
영화, 「벤자민 버튼의 시간은 거꾸로 간다」
영화, 「완벽한 타인」
영화, 「콘크리트 유토피아」
EBS 다큐 프라임, 「100세 쇼크」
EBS 한국 기행, 「'오지' 않을 시간」
PD 수첩, 「지금 우리 학교는」

보통 선생님, 바람

초판 1쇄 인쇄	2025년 2월 3일
초판 1쇄 발행	2025년 2월 14일

지은이	황지현

펴낸이	이장우
책임편집	송세아
디자인	theambitious factory
편집 제작	안소라 김소은
관리	김한다 한주연
인쇄	KUMBI PNP

펴낸곳	도서출판 꿈공장플러스
출판등록	제 406-2017-000160호
주소	서울시 성북구 보국문로 16가길 43-20 꿈공장 1층

이메일	ceo@dreambooks.kr
홈페이지	www.dreambooks.kr
인스타그램	@dreambooks.ceo

전화번호	02-6012-2734
팩스	031-624-4527

* 저자 고유의 '글맛'을 위해 맞춤법 및 표현 등은 저자의 스타일을 따릅니다.

ISBN	979-11-92134-87-1
정가	16,700원